折腾吧
1960年代

[英] 汉娜·韦斯特莱克——编著

孟瑞琳——译

中国画报出版社·北京

图书在版编目（CIP）数据

折腾吧，1960年代 /（英）汉娜·韦斯特莱克编著；孟瑞琳译. -- 北京：中国画报出版社，2020.8

（萤火虫书系）

书名原文：Iconic Moments of the Sixties, Second Edition

ISBN 978-7-5146-1820-4

Ⅰ. ①折… Ⅱ. ①汉… ②孟… Ⅲ. ①世界史—现代史—通俗读物 Ⅳ. ①K153-49

中国版本图书馆CIP数据核字(2020)第123828号

Articles in this issue are translated or reproduced from Iconic Moments of the Sixties, Second Edition and are the copyright of or licensed to Future Publishing Limited, a Future plc group company, UK 2019. Used under licence. All rights reserved. All About History is the trademark of or licensed to Future Publishing Limited. Used under licence.

著作权合同登记号：图字01-2020-3346

折腾吧，1960年代

[英]汉娜·韦斯特莱克 编著　孟瑞琳 译

出 版 人：于九涛
选题策划：赵清清
责任编辑：李聚慧
封面设计：王薯聿
责任印制：焦　洋
营销主管：穆　爽

出版发行：中国画报出版社
地　　　址：中国北京市海淀区车公庄西路33号　邮编：100048
发 行 部：010-68469781　010-68414683（传真）
总编室兼传真：010-88417359　版权部：010-88417359

开　　本：16开（787mm×1092mm）
印　　张：10.75
字　　数：122千字
版　　次：2020年10月第1版　2020年10月第1次印刷
印　　刷：北京汇瑞嘉合文化发展有限公司
书　　号：ISBN 978-7-5146-1820-4
定　　价：56.00元

折腾吧，1960 年代

20 世纪 60 年代是一个与众不同的年代。有些人怀念过去社会规范中关于服饰、礼仪的反主流文化，而另一些人则只看到毫无责任感的无节制挥霍和社会秩序的混乱。我们可以简单想象一下，如果柏林墙从未建成，第一次人类心脏移植手术从未成功，或者避孕药从未公开上市，那么今天的世界会是怎样的。纵观此书，你会发现历史上一些最重要的政治事件和社会事件通过生动形象的文字描述得以呈现。从甲壳虫乐队到海滩男孩乐队，尽情感受 20 世纪 60 年代激情荡漾、让人极度疯狂的流行文化所带来的快感；从约翰·肯尼迪当选总统和古巴导弹危机，到马丁·路德·金领导下的民权运动，再到太空竞赛，我们收集了跨越各大洲和不同文化的大量重要作品。尽情享受这本书吧！

目录

- 6　**1960**
- 8　埃尔维斯离开德国
- 10　避孕药在美国获批
- 12　扭摆舞热潮
- 14　肯尼迪当选总统
- 16　学校取消种族隔离
- 18　**1961**
- 20　苏联进入太空
- 22　尤里·加加林
- 28　卡斯特罗为猪湾俘虏设定赎金
- 30　柏林墙建成
- 32　世界自然基金会开放首个办事处
- 34　**1962**
- 36　第一部詹姆斯·邦德系列电影开始拍摄
- 38　玛丽莲·梦露之死
- 40　第二次梵蒂冈大公会议
- 42　古巴导弹危机
- 44　13天对决
- 54　**1963**
- 56　甲壳虫乐队的首张专辑在英国发行
- 58　普罗富莫事件
- 60　重大火车抢劫案
- 62　"我有一个梦想"演讲
- 64　肯尼迪遇刺事件
- 66　**1964**
- 68　卡修斯·克莱对决索尼·利斯顿
- 70　纽约世界博览会
- 72　摩登派和摇滚派的冲突
- 74　马丁·路德·金签署《民权法案》
- 76　日本东京奥运会开幕
- 78　**1965**
- 80　马尔科姆·X遇刺身亡
- 82　血腥星期天
- 84　争取投票权的漫长游行
- 90　美军在越南登陆
- 92　别具一格的迷你裙
- 94　沼泽地搜寻
- 96　**1966**
- 98　崔姬被称为"1966年的面孔"
- 100　英迪拉·甘地当选
- 102　"月球9号"着陆
- 104　英格兰队赢得世界杯

106	1966年的世界杯传奇
116	**1967**
118	第一届超级碗
120	第一位女性参加波士顿马拉松
122	第三次中东战争
124	"爱之夏"
126	首例人类心脏移植手术
128	**1968**
130	马丁·路德·金遇刺
132	金之死
144	罗伯特·肯尼迪遇刺
146	奥运会上向人权致敬
148	尼克松赢得总统选举
150	**1969**
152	协和飞机首次试飞
154	石墙骚乱
156	人类登上月球
158	阿波罗11号登月
164	塔特和拉比安卡夫妇的谋杀案
166	伍德斯托克音乐节
168	印第安人占领阿尔卡特拉斯岛
170	图片所属

1960

20世纪60年代，世界各地都弥漫着乐观主义气息，但随着冷战、第三世界和一些政治活动接二连三地登上新闻头条，一种不确定感也随之产生，而有些演艺人员也正是在此时给人们留下了永久性的记忆。

美国空军飞行员兼中央情报局特工弗朗西斯·加里·鲍尔斯（Francis Gary Powers）驾驶他的洛克希德U-2侦察机在苏联斯维尔德洛夫斯克上空飞行了13英里[①]。他这次执行的"5月1日任务"并不是他首次进入苏联领空去获取有关该国的核计划进展以及其他相关信息的情报，但这是迄今为止最重要的一次任务。

在几乎没有任何预警的情况下，一枚锁定了U-2侦察机的苏联防空导弹在附近爆炸。第二枚导弹直接命中了这架侦察机。鲍尔斯及时跳离侦察机保住了性命，但落在了苏联人手中。他在被俘前没有服用能够结束自己生命的毒丸。最终，他在苏联接受了审讯，被判犯有间谍罪，判处10年监禁。起初，总统德怀特·戴维·艾森豪威尔（Dwight David Eisenhower）否认存在这样的"间谍任务"。然而，当苏联拿出证据时，美国政府陷入了令他们十分苦恼的尴尬境地。冷战形势进一步严峻，美国总统艾森豪威尔和苏联总理尼基塔·赫鲁晓夫即将参加的峰会也被突然取消了。两年后，苏联用鲍尔斯和美国人弗雷德里克·普赖尔（Frederic Pryor）作为人质换回了克格勃上校鲁道夫·阿贝尔，后

巴西政府将首都迁往新城市巴西利亚的同时，一项为期四年的宏大建设工程项目也于同年4月21日结束。

关键时刻

● 阿斯旺水坝建设
1960年1月9日

大型阿斯旺（Aswan）水坝建设工程在埃及尼罗河开始修建。美国和苏联在为这一工程提供援助方面存在争议。埃及总统加麦尔·阿卜杜勒·纳赛尔利用这一局势为自己国家谋取政治利益。该水坝于1970年全面竣工，坝体高111米，长3800米。

● 沙佩维尔大惨案
1960年3月21日

南非警方在德兰士瓦州（Transvaal）沙佩维尔镇（Sharpeville）向抗议国家种族隔离政策的7000多名示威者开枪。经过一天的全面骚乱之后，示威人群困住当地警察局，导致发生了暴力事件，造成69人死亡，数百人受伤。这一事件引起了世界对种族隔离政策的密切关注。

● 李的杰作
1960年7月11日

小说家哈珀·李（Harper Lee）的第一部作品《杀死一只知更鸟》（To Kill A Mockingbird）出版。这部作品描述了大萧条时期美国南部一个小镇上的生活，故事围绕一个被诬告的黑人男子接受审判以及一名律师竭尽所能为其寻求正义展开。这部小说一出版就大获成功，并于1961年获得普利策小说奖。

---
① 1英里≈1.61千米。——译者注。本书注释皆为译者注，后文不再说明。

▲ 这幅图展现的是 1960 年上映的热门电影《惊魂记》(Psycho)中的一个标志性浴室场景：凶手在光影中举起了一把刀。这部电影是由阿尔弗雷德·希区柯克(Alfred Hitchcock)导演的，一度备受好评。

流行音乐排行榜

- 埃尔维斯·普雷斯利（Elvis Presley）
  《机不可失时不再来》（It's Now or Never）
- 艾佛利兄弟（The Everly Brothers）
  《凯茜的小丑》（Cathy's Clown）
- 布伦达·李（Brenda Lee）
  《对不起》（I'm Sorry）
- 恰比·切克（Chubby Checker）
  《扭摆舞》（The Twist）
- 博比·吕德尔（Bobby Rydell）
  《狂野》（Wild One）

热门电影和电视节目

- 《惊魂记》
  （Psycho）
- 《桃色公寓》
  （The Apartment）
- 《豪勇七蛟龙》
  （The Magnificent Seven）
- 《安迪·格里菲斯秀》
  （The Andy Griffith Show）
- 《摩登原始人》
  （The Flintstones）

者是一名被美国拘押的苏联间谍。

1960 年，在世界的其他地方也发生了一些事情。首位出生于 20 世纪的美国总统约翰·肯尼迪（John F. Kennedy）以微弱优势当选；几个石油生产大国联合起来组建了石油输出国组织；17 个非洲国家宣布从欧洲列强手中独立，这使得 1960 年获得了"非洲年"的称号，也为第三世界的运动注入了新的活力；与此同时，美国进一步介入越南战争并首次派出 3500 名地面部队队员。

同年 8 月，一支摇滚乐队在德国汉堡的英德拉俱乐部（Indra Club）开始了一系列演出。这就是后来的甲壳虫(The Beatles) 乐队。

奇切斯特的穿越之旅
1960 年 7 月 21 日

英国人弗朗西斯·奇切斯特爵士（Sir Francis Chichester）乘坐他的游艇"舞毒蛾 2 号"（Gypsy Moth II）抵达纽约，他在短短 40 天内达成了单人横渡大西洋的创纪录性壮举。7 年后，奇切斯特驾驶着"舞毒蛾 4 号"（Gypsy Moth IV），用 226 天环游了世界。1967 年，他还成为了大英帝国骑士团的一名骑士指挥官。

卡修斯·克莱的金牌
1960 年 9 月 5 日

美国拳击手卡修斯·克莱（Cassius Clay），后期改信伊斯兰教，更名为穆罕默德·阿里（Muhammad Ali）。他在罗马举行的夏季奥运会上获得了轻重量级分区的金牌。10 月，阿里在他的第一场职业拳击赛中获得冠军，在那之后他便成了世界著名的重量级拳王，成为有史以来最著名的拳击手之一，在国际上声名远扬。

大主教会见教皇
1960 年 12 月 2 日

备受尊崇的坎特伯雷大主教杰弗里·弗朗西斯·费希尔（Geoffrey Francis Fisher）在梵蒂冈城会见教皇约翰二十三世。这次长达一小时的讨论标志着圣公会和罗马天主教会领导人的首次会面，这一举动促进了他们的继任者，即大主教迈克尔·拉姆齐和教皇保罗六世，在 1966 年的对话，同时也促成了罗马圣公会中心的建立。

埃尔维斯离开德国

1960年3月2日

歌手埃尔维斯·普雷斯利（Elvis Presley）极具挑衅性的表演经常引发争议，对许多人来说，他1958年入伍是好事，这使他一度淡出了公众的视线。然而，在联邦德国服役一年半之后，埃尔维斯又在忠实粉丝们的欢呼尖叫声中回到了祖国。去往机场的途中，他身边坐着一位14岁的女孩普里西拉·比尤厄（Priscilla Beaulieu），她在埃尔维斯离开部队前的6个月里俘获了他的心。

避孕药在美国获批

1960年6月23日

由于资金匮乏,荷尔蒙避孕药的研制一度停滞不前,后来,凯瑟琳·麦考密克(Katharine McCormick)出资赞助,使得这项研究得以继续进行。1957年,一种治疗月经问题的药片问世,但直到1960年避孕药才公开上市。到1965年,美国每4名45岁以下的已婚女性中就有1名服用避孕药。1972年之前,只有已婚妇女才可以开这种药。

扭摆舞热潮

1960年夏天

1960年夏天,在恰比·切克(Chubby Checker)的专辑《扭摆舞》(*The Twist*)登上排行榜,并于9月登上公告牌百强单曲榜(Billboard Hot 100)榜首之后,扭摆舞热潮席卷了全美,并迅速蔓延到整个欧洲。1959年录制的《扭摆舞》单曲只获得了些许成功,但附随的舞蹈却掀起了首次国际舞蹈热潮,从纽约的社交名流到伦敦东区的孩子们都对这个舞蹈无比狂热。

肯尼迪当选总统

1960年11月8日

年轻、开明但缺乏经验的约翰·肯尼迪在1960年的总统大选中出人意料地战胜了当时的副总统理查德·尼克松（Richard Nixon）。在美国动荡的局势之下，肯尼迪之所以能胜出在很大程度上要归功于首次进行电视直播的总统辩论。在辩论中，肯尼迪展现出的年轻和魅力，与尼克松苍白的病态面色和狡黠的目光形成了鲜明对比，并因此赢得了全美观众的喜爱。

学校取消种族隔离

1960年11月14日

鲁比·布里奇斯（Ruby Bridges）在新奥尔良（New Orleans）路易斯安那州（Louisiana）的一所全是白人的小学上学，她是这所学校的首位非洲裔美国儿童。为了保证她的安全，艾森豪威尔总统派遣美国法警护送她上下学。在学校取消种族隔离的这段时间里，危机重重，鲁比入学后，许多家长就把自己的孩子从学校接走了，学校里也只有一位老师愿意给鲁比上课。

1961

柏林墙的修建、冷战期间持续的意识形态冲突以及第一批进入太空的宇航员，使 1961 年成为令人难忘的一年。

1961 年夏天，民主德国 20% 的人口（350 万人），跨过首都柏林的边境分割线去往联邦德国。这其中有大量专业人士，包括医生、来自许多领域的科学家和工程师。然而这样持续的人口流失着实让民主德国难以承受。

在民主德国傀儡政府和苏联总理尼基塔·赫鲁晓夫进行交涉后，民主德国于 8 月 13 日采取了激烈的行动。军队和警卫封锁了边境，冷战期间最可怕、最邪恶的象征之一——柏林墙开始修建。起初，这堵墙是由混凝土砖石和螺旋铁丝网建的。后来，又在这面墙上加了钢筋混凝土与一根嵌入顶部的大管道，想要攀越几乎是不可能的。

最终建成的柏林墙全长 106 千米，高 3.6 米，厚 1.2 米。在民主德国一侧，岗哨和城墙之间有一片广阔的"死亡地带"，上面撒满了松软的沙子以便能显露出脚印，还布满了地雷和绊索。士兵带着训练有素的警犬不断地在这一死亡地带巡逻。然而，在柏林墙屹立的 28 年里，至少有 5000 人成功翻越了这道墙，他们挖隧道、开车

> 1961 年 10 月，一点分歧导致美苏双方的军队和坦克在柏林检查站对峙了 16 个小时。

关键时刻

• 潜伏在英格兰的间谍
1961 年 1 月 7 日

根据英国情报机构军情五处（MI5）提供的线索，侦探们逮捕了哈里·霍顿（Harry Houghton）和埃塞尔·吉（Ethel Gee），这两人是波特兰间谍网的成员，自 20 世纪 50 年代末以来就一直在英国活动。波特兰间谍网因向苏联提供英国皇家海军第一艘核潜艇"无畏号"战列舰的信息而出名。被抓获的 5 名间谍于同年 3 月受审，被判处长期监禁。

• 苏联进入太空
1961 年 4 月 12 日

苏联宇航员尤里·加加林（Yuri Gagarin）成为第一个进入太空的人，在经历了持续 108 分钟的单轨道飞行后，他安全返回了地球。几周后，美国宇航员艾伦·谢泼德（Alan Shepard）也紧随其后进入太空。5 月底，美国总统约翰·肯尼迪向国会申请了 5.31 亿美元来资助他实现在 20 世纪 60 年代末将宇航员送上月球的梦想。

• 猪湾事件
1961 年 4 月 17 日

在古巴，忠于统治者菲德尔·卡斯特罗（Fidel Castro）的马克思主义者使得猪湾（Bay of Pigs）入侵失败。这次行动是由意图推翻卡斯特罗的古巴侨民策划的，得到了美国中央情报局（CIA）的支持，并获得了美国军事资产的火力援助。这一行动的失败让肯尼迪政府极为难堪。

▲ 奥黛丽·赫本（Audrey Hepburn）和乔治·佩帕德（George Peppard）主演了广受好评的电影《蒂凡尼的早餐》（Breakfast At Tiffany's），该片改编自作家杜鲁门·卡波特（Truman Capote）的同名中篇小说。

流行音乐排行榜

- 博比·刘易斯（Bobby Lewis）
《辗转反侧》（Tossin' And Turnin'）

- 佩茜·克莱恩（Patsy Cline）
《我心破碎》（I Fall To Pieces）

- 匪帮乐队（The Highwaymen）
《迈克尔》（Michael）

- 罗伊·奥比森（Roy Orbison）
《哭泣》（Crying）

- 德尔·香农（Del Shannon）
《逃跑》（Runaway）

热门电影和电视节目

- 《西区故事》
（West Side Story）

- 《蒂凡尼的早餐》
（Breakfast At Tiffany's）

- 《江湖浪子》
（The Hustler）

- 《复仇者联盟》
（The Avengers）

- 《范戴克摇滚音乐剧》
（The Dick Van Dyke Show）

直闯，甚至乘坐热气球从其上空飞过。然而不幸的是，也有171人在试图跨越这个屏障时丧失了生命。

1989年11月9日，柏林墙的开放标志着冷战的结束。1961年，在世界的其他地方也发生了一些事情。太空竞赛升级，与此同时，欧洲和西半球超级大国之间的紧张关系达到了新的高度。民权运动在美国势头正猛。人们也逐渐意识到了地球环境的脆弱。

世界野生动物基金会
1961年4月29日

自然资源保护主义者创立了世界野生动物基金会（World Wildlife Fund），关注人类对野生动物自然栖息地的影响以及濒危物种的保护问题。如今，世界上大部分地区称之为世界自然基金会（World Wide Fund for Nature），而在美国和加拿大仍然称之为世界野生动物基金会。这个基金会是世界上同类组织当中规模最大的。

自由乘车者
1961年5月4日

美国最高法院规定禁止在公共汽车、航站楼和其他公共场所实行种族隔离，但南方的一些州拒绝执行这项规定。为此，一些所谓的"自由乘车者们"在华盛顿特区和其他地方乘坐公共汽车前往南方城市以检验该规定的落实情况。这一事件引发了骚乱，这些自由乘车者遭到了严重殴打，其中的一辆公交车也被燃烧弹烧掉了。

威力巨大的核爆炸
1961年10月30日

苏联在北极的新地岛上空引爆了史上最大的核弹"沙皇炸弹"（Tsar Bomba）。据报道，这枚炸弹承载的威力与5000万吨三硝基甲苯（TNT）炸药相当。它的爆炸引发了里氏5.0级地震，爆炸时发出的强光在600英里外都能看到。

苏联进入太空

1961年4月12日

在冷战的高潮时期,苏联将人类首次送入太空轨道,保持了他们国家在"太空竞赛"中的领先地位。经过层层选拔,27岁的尤里·加加林从200多名俄罗斯空军战斗机飞行员中脱颖而出。加加林进入到一个从地面进行控制的密封太空舱里。4月12日上午9时07分,他被送入太空,绕地球轨道运行了一圈后安全着陆,历时108分钟。在这之后不到一个月,美国也将他们的第一位宇航员艾伦·谢泼德送入了太空。

尤里·加加林

太空第一人

加加林出身卑微，但他却创造了历史，成为第一个成功摆脱地球引力的人。

几百年后，当历史学家记录人类最伟大的成就时，尤里·阿列克谢耶维奇·加加林的名字仍将赫然醒目。因为在 1961 年 4 月 12 日，他成为了第一个进入太空的人，也是第一个环绕我们的蓝色星球飞行的人。在飞出大气层 108 分钟后，他颠簸着返回了地球。就距离而言，这可能不算是一次"巨大的飞跃"，因为飞行的最大高度只有 177 英里，但它开启了人类探索太空的新纪元，终将有一天我们可能会在月球、火星及更远的地方留下自己的足迹。

加加林并不是从一开始就想进入太空的。"二战"期间，他还是个孩子，有一次他亲眼目睹了一场激烈的战斗机空战，由此便对飞行产生了无限热爱之情。21 岁时，加加林加入了苏联空军，驾驶米格-15（MiG-15）战斗机，不久以后他就被招募到苏联精英飞行员队伍中，接受训练，成为宇航员，并力争成为第一个进入太空的人。

1957 年 10 月 4 日，俄罗斯抢先于世界上另一个超级大国美国，发射了世界上第一颗人造卫星"斯普特尼克 1 号"（Sputnik 1），拉开了太空竞赛的序幕。1958 年 1 月 31 日，美国紧随其后，发射了"探

人物简介

尤里·阿列克谢耶维奇·加加林
1934-1968

加加林是苏联空军的一名战斗机飞行员，出生在克卢希诺村（Klushino）。十几岁时，加加林亲眼目睹一架苏联战斗机在离他家不远的地方紧急迫降，这一经历让他意识到自己内心其实渴望成为一名飞行员。几年后，他加入了一个飞行俱乐部，并于 1955 年完成了他的第一次单人飞行。

当选进入太空第一人

1961年4月10日

尼古拉·卡马宁（Nikolai Kamanin）将军（苏联太空计划宇航员训练的负责人）向那些精英宇航员们宣布，加加林被选为第一个进入太空的人。这些精英宇航员们都是尼古拉招募来的，他们在星城接受了严苛的体能训练，同时还经历了心理测验、侵入性医学测试等。选择加加林的决定也是在这层层选拔之后做出的。

索者1号"（Explorer 1）卫星，但苏联仍然处于领先地位，这在很大程度上要归功于他们的天才火箭工程师谢尔盖·科罗廖夫（Sergei Korolev）。"斯普特尼克2号"（Sputnik 2）首次成功将一只名叫莱卡（Laika）的狗送入了太空，接着，苏联准备在1961年实现将人类送入太空。

这次任务可能会出现各种各样的问题，存在一定的风险，但苏联人知道，如果他们继续等待，美国人就会抢占先机（正如事实上所发生的，艾伦·谢泼德在1961年5月5日成为第二名进入太空的宇航员，仅比加加林晚几个星期）。

加加林当时是一名空军中尉，他所面临的宇航员训练非常严酷。在经历了一系列的心理测验、侵入性医学测试、艰苦的体能训练以及在离心机里进行重力对抗练习（这些都是执行太空飞行任务所必需的）之后，20名学员被削减到仅剩6名，然后仅剩2名：加加林和另一位名叫盖尔曼·蒂托夫（Gherman Titov）的学员。最终，加加林被选中执行这次任务，这得益于他5英尺2英寸（约1.57米）的身高，因为他乘坐的飞船"东方1号"（Vostok 1）相当狭窄。

加加林平常开朗而又睿智，总是面带笑容，然而在发射飞船的那天早上，他表现得异常平静，执行历史性任务之前他陷入了沉思。他和蒂托夫（蒂托夫是加加林的替补，也穿着宇航服，确保在意外发生时他能够及时顶替加加林完成本次飞行任务）被带到拜科努尔航天发射场（Baikonur Cosmodrome）的发射地点，高耸的R-7

进入太空

1961年4月12日

加加林成为第一个乘坐宇宙飞船"东方1号"摆脱地球引力的人。他以每小时18000英里的速度环绕了地球一周，发现地球实际上是一个蕴含着大量水源的球体。他在太空俯瞰了地球，意识到地球是由所有生命体共同联系起来的，而不是由不同国家组合而成的。

Semyorka 火箭矗立在他们面前,火箭顶端就是"东方1号"。

加加林被"塞"进机舱,这就像是一个可以自动飞行的锡罐,他在里面什么都做不了,只能试图去享受这种体验。当火箭引擎启动并开始将这艘巨型飞船从发射台举起时,加加林也迎来了自己的"巨大飞跃"时刻,他对着无线电设备大喊了一声"Poyekhali!"(在俄语中是"出发"的意思)。从那时起,这声呐喊就成了苏联太空计划的非官方格言。

当"东方1号"在地球周围巡航时,加加林俯瞰着地球上的大陆和海洋、云层和山脉、森林和沙漠,第一次有人意识到我们的星球是由所有生命共享的而不是由单个国家组成的。

将近两个小时过去了,该返回地球了,但此时出现了一个问题。"东方1号"由两个部分组成:一个是机舱部分,空间很狭小,有一个仅能容纳加加林的座椅;另一个是顶部的锥形设备模块。这两部分通过电缆连接在一起,当机舱部分开始降落时,电缆应该分裂,但是现在电缆仍然很牢固,丝毫没有要分裂的迹象,加加林所在的太空舱已经猛然扎向地面,而设备部分仍然紧紧地贴附着这个太空舱,几乎妨碍到了正常降落,直到返回过程中再次进入大气层时摩擦产生的热量把电缆烧断,这两部分才分开。

苏联人一心要创造历史,想要创造最高飞行高度和成功着陆的世界纪录。这需要飞船在宇航员还在舱内的情况下着陆,但"东方1号"的设计并不符合这样的要求——太空舱终将会坠毁,加加林必须在7千米的高空跳出机舱,借助降落伞落地。最终,他在斯梅诺夫卡村(Smelovka)附近着陆,在那里他遇到了两个俄罗斯农民,安娜·塔克塔洛娃(Anna Takhtarova)和她的孙女丽塔(Rita)。她们注视着他,对他穿的鲜艳橘

▲ 人造卫星"斯普特尼克1号"的意外成功引发了太空竞赛。

黄色飞行服和球根状头盔充满了疑惑。"你是从外太空来的吗?"安娜问。加加林回答说:"确实是的。"

与塔克塔洛娃的会面成就了一个伟大的故事,但也揭露了苏联的谎言,苏联当时谎称加加林是在飞船里着陆的,因此直到很久以后人们才得知事实。与此同时,苏联政府几近狂热,对加加林及其成就大肆宣扬。他被派往世界各地巡游,足迹远至日本、巴西、加拿大,甚至是伦敦和曼彻斯特。在会见外国政要时,对方往往要请他喝几杯,于是他逐渐开始酗酒,同时也忍受着暴露在众目睽睽之下的煎熬,甚至有报道说他搞婚外情。他的上司意识到了他所承受的压力,但他们觉得,一旦名声淡去,他的生活终将会恢复正常。的确,加加林后来也确实做出一定的努力来掌控自己的生活,他饮酒减少了,婚外情的传闻也逐渐平息了。

1963年,加加林被提拔为上校,荣升为苏联宇航员训练中心副主任,但当局阻止加加林本人再次进入太空,因为他们不想让新晋的民族英雄在突发事故中丧生。他参与指挥了"联盟1号"(Soyuz 1)任务,而这次任务注定是

他开始酗酒，同时忍受着暴露在众目睽睽之下的煎熬。

要失败的。尽管加加林警告当局存在一些严重的技术问题，但还是没能阻止那次任务，加加林的朋友、宇航员弗拉基米尔·科马罗夫（Vladimir Komarov）在执行任务过程中因太空舱降落伞失灵而丧失了生命。

即便加加林不能再飞往太空，但他希望至少能够在空中飞行。1968年，他又开始驾驶米格-15战斗机。同年3月27日，加加林和他的副驾驶兼教练弗拉基米尔·谢鲁金（Vladimir Serugin）在能见度极低的恶劣天气中起飞。没飞多久，飞机就坠毁了，加加林和谢鲁金双双遇难。官方报告称加加林所乘的飞机当时是撞上了一只鸟或一个气象探测气球才造成坠机的，但最新的调查得出的结论是，飞机的一个通风口被卡住了，导致机舱内压减小。飞机检查表明，这架飞机机舱内测高仪坏了，而当时的空中交通管制队提供的信息有误。这样一来，加加林驾驶着飞机俯冲时，他意识不到飞机离地面到底有多大的距离。

与此同时，同为宇航员的阿列克谢·列昂诺夫（Alexei Leonov）发表了另一种看法。他说，加加林的飞机坠毁时，自己就在附近。他当时听到了两声巨响，他说其中一声是这架飞机坠毁发出的，而另一声则是又

飞行训练

1968年3月27日

加加林和他的飞行教练弗拉基米尔·谢鲁金驾驶的喷气式战斗机在俄罗斯基尔扎奇镇（Kirzach）附近坠毁，两人不幸遇难。有人怀疑是因为当时有一架未经授权的苏-15战斗机与他们驾驶的飞机飞得很近，这架飞机发出了一个音爆，击破了加加林的驾驶舱，使舱内气压骤减，这才导致加加林的飞机失去了控制。

一架喷气式飞机的音爆。的确，据报道，空中交通管制队于坠机前不久在雷达上探测到了一架身份不明的飞机。列昂诺夫猜测，那是驾超音速飞机，在恶劣的天气里飞得要比正常情况下低一些，正是这个音爆击碎了加加林的驾驶舱，导致他失去了控制。

就这样，苏联乃至全世界失去了一位英雄，

他不幸英年早逝,年仅34岁。他可能只进行了一次短暂的太空之旅,却留下了自己的印记,他的壮举标志着人类的足迹已踏出地球,迈向太空。

▲ 加加林的宇宙飞船"东方1号"在发射前被安装在发射装置上。
▶ "东方1号"太空舱在俄罗斯太空探索博物馆(RKK Energiya museum)展出。

太空竞赛

在20世纪,苏联和美国都卷入了争夺太空霸权的激烈竞争当中——两国都想成为第一个将人造卫星送上地球轨道的国家。太空竞赛开始于1955年夏天,当时美国发表公报称他们打算在"不久的将来"发射宇宙飞船,苏联也进行了官方回应。这两个超级大国之间的竞争在"二战"结束后不久就拉开了序幕,当时的政治冲突和军事紧张局势导致两国关系出现裂痕。

1957年10月,苏联抢占先机,将一艘长58厘米的无人飞船"斯普特尼克1号"发射进入地球轨道。后来,苏联又在此基础上发射了飞船"斯普特尼克2号",上面载着一条名叫莱卡的流浪狗,它是首个被带上太空的生物。苏联人的成功引起了美国人的关注,促使美国早于原计划发射"先锋计划"(Project Vanguard)卫星。发射过程在电视上进行直播,因此数百万美国公民打开电视机,想要见证这一精彩时刻。然而,美好的愿望很快就破灭了。发射后不久,这颗卫星就发生了几次爆炸,引来各路报纸媒体的纷纷嘲笑。紧随这颗"失败卫星"之后,美国又抓紧发射了"朱诺一号"(Juno I)运载火箭,并于1958年1月31日成功地将其卫星发射升空。

苏联首次将人类(加加林)送入太空,赢得了太空竞赛。如果没有这场太空竞赛,将宇宙飞船送往月球、金星和火星等天体并实现人类太空飞行的创举可能永远不会发生。

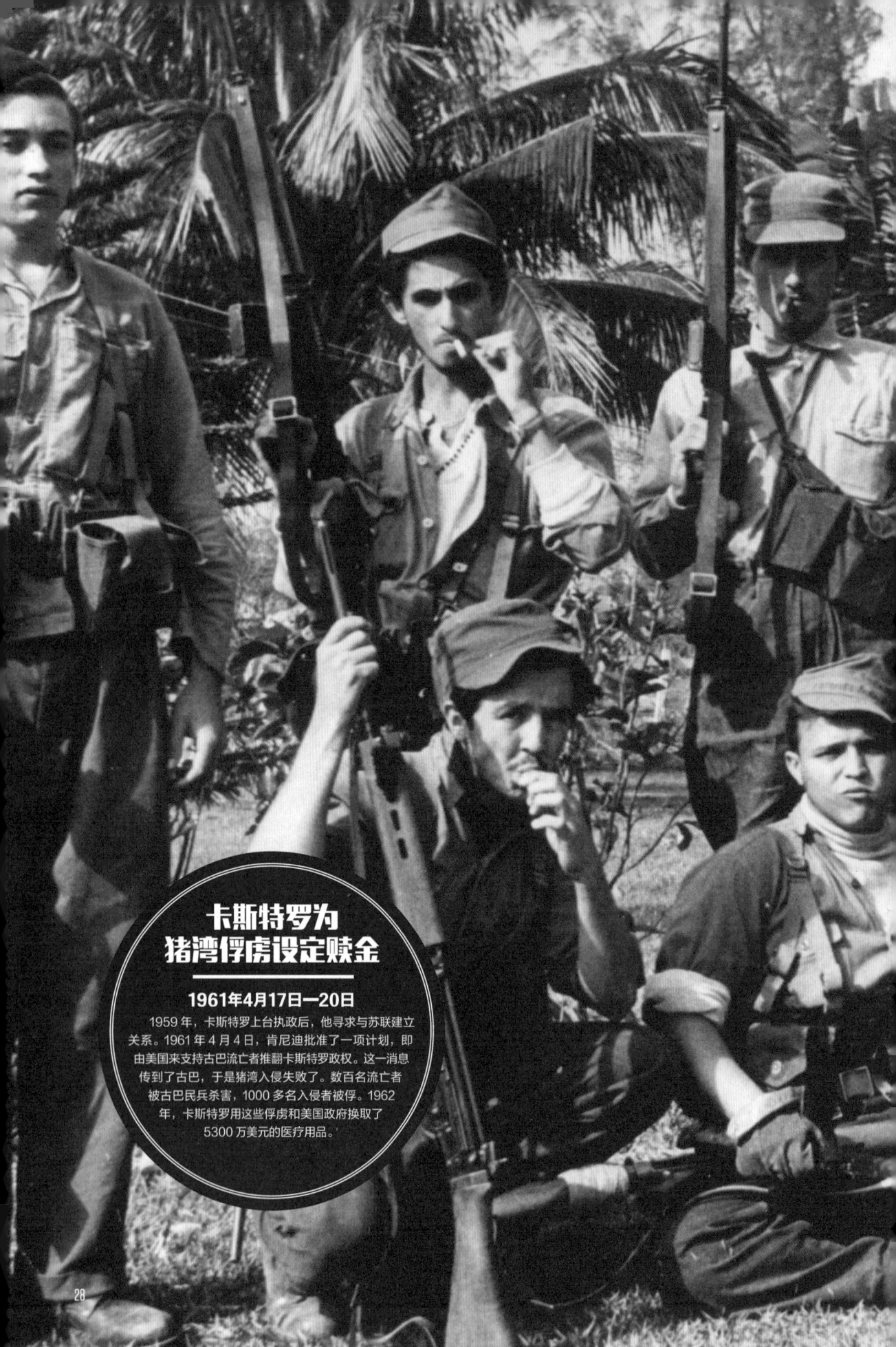

卡斯特罗为猪湾俘虏设定赎金

1961年4月17日—20日

1959年,卡斯特罗上台执政后,他寻求与苏联建立关系。1961年4月4日,肯尼迪批准了一项计划,即由美国来支持古巴流亡者推翻卡斯特罗政权。这一消息传到了古巴,于是猪湾入侵失败了。数百名流亡者被古巴民兵杀害,1000多名入侵者被俘。1962年,卡斯特罗用这些俘虏和美国政府换取了5300万美元的医疗用品。

柏林墙建成

1961年8月13日

在柏林墙建起几小时之后,两名婴儿越过墙边界的带刺铁丝网,伸手去抓对方。随着冷战紧张局势的升级,德国两个部分的矛盾也愈演愈烈。联邦德国蓬勃发展的同时,民主德国也在共产主义的统治下奋力抗争着。8月13日午夜,一道简陋的屏障在西柏林周围建了起来。

世界自然基金开放首个办事处

1961年9月11日

在一系列强调非洲环境危机的颇具影响力的文章发表之后,一些博物学家和自然保护主义者联合起来创建了一个提升意识和筹款的组织,名叫"世界野生动物基金会"。该组织的第一个办事处设在瑞士的莫尔日。1961年,爱丁堡公爵菲利普亲王加入其他几位知名赞助人的行列,成为英国分部的首任会长。

1962

这一年人心惶惶,核战争险些爆发,纳粹战犯被绳之以法,种族关系一度处于风口浪尖。

1962年10月22日,美国总统约翰·肯尼迪在向美国人民发表的电视讲话中透露,古巴岛上有苏联的中程弹道导弹。几个月前,独断的马克思主义者菲德尔·卡斯特罗在古巴夺取了政权。8天前,洛克希德公司(Lockheed)的一架U-2侦察机进行监察飞行时发现了用于发射SS-24导弹的发射场,而且照片资料也证实,一个具备核能力的系统正在建设当中。

古巴距离美国海岸只有90英里,肯尼迪总统与顾问就如何适当地应对此事进行了磋商。苏联总理赫鲁晓夫在西半球的这般部署是经过风险计算的,他们部署的SS-24导弹能够在发射几分钟内抵达美国大陆的城市。苏联之所以这样做,是因为对美国部署在土耳其的弹道导弹越发警觉,毕竟土耳其离苏联领土很近。

肯尼迪总统继续奉行门罗主义(Monroe Doctrine),动员美国海军对古巴船只进行封锁,美其名曰"隔离"。在这13天的紧张局势中,两个超级大国一直僵持不下,核战争一触即发,整个世界都屏住了呼吸。历史上称这一时期为"古巴导弹危机"(Cuban Missile Crisis)。10月24日,苏联货船驶入古巴周围的隔离线。倘若他们企图冲破封锁,那么战争很可能就爆发了。然而,苏联人掉头离开了。随后,

> 美国司法部长罗伯特·肯尼迪(总统约翰·肯尼迪的弟弟),写了一本书,名为《十三天:古巴导弹危机回忆录》。

关键时刻

● **"友谊7号"宇宙飞船成功飞行**
1962年2月20日
照片中展现的是宇航员小约翰·赫歇尔·格伦正乘坐"友谊7号"宇宙飞船。格伦是第一个进入地球轨道的美国人,在4小时55分23秒的时间里,他环绕地球飞了3圈。在那之后的同一年,斯科特·卡彭特驾驶"极光7号"宇宙飞船飞向太空,紧接着,瓦尔特·施艾拉也搭载"斯格码7号"宇宙飞船执行任务。格伦退出宇航飞行之后担任了美国俄亥俄州的国会参议员。

● **高耸入云的"太空针塔"**
1962年4月21日
"二十一世纪世界博览会"在美国华盛顿州的西雅图开幕,本次盛会的焦点是带有未来主义色彩的"太空针塔"。这座太空针塔高184米,可以承受时速高达200英里的大风和里氏9.1级地震。在世博会期间,大约230万名游客瞻仰了这座太空针塔。一直以来,它都是西雅图天际线的一个显著标志。

● **阿道夫·艾希曼面临穷途末路**
1962年5月31日至6月1日
"二战"期间纳粹大屠杀的策划者、前党卫军中校阿道夫·艾希曼在以色列拉姆安拉监狱被处以绞刑。一年前,这位杀害数百万无辜人民的关键人物在他阿根廷的住所被以色列摩萨德(Mossad)特工绑走,送到以色列接受审判。

▲ 甲壳虫乐队是由来自利物浦的4名音乐家组成的,他们在英国发行的《爱我,我也爱你》为其摇滚风格注入了新的活力。

流行音乐排行榜

- 雷·查尔斯(Ray Charles)《我不能停止爱你》(I Can't Stop Loving You)
- 迪迪·夏普(Dee Dee Sharp)《土豆泥时光》(Mashed Potato Time)
- 鲍比·温顿(Bobby Vinton)《红红的玫瑰——我的爱》[Roses Are Red (My Love)]
- 大卫·罗斯(David Rose)《脱衣舞女》(The Stripper)
- 谢莉·法芭勒斯(Shelley Fabares)《约翰尼天使》(Johnny Angel)

苏联同意拆除他们部署在古巴的导弹,相应地,美国也承诺拆除他们部署在土耳其的导弹,并保证决不入侵古巴。

与此同时,其他事件也在发生。艺术家安迪·沃霍尔(Andy Warhol)在洛杉矶举办了他经典的"金宝汤罐头"系列展览;阿尔及利亚宣布独立;同时,法国总统夏尔·戴高乐险遭暗杀;甲壳虫乐队在英国发行了第一首单曲《爱我,我也爱你》。

热门电影和电视节目

- 《阿拉伯的劳伦斯》(Lawrence of Arabia)
- 《杀死一只知更鸟》(To Kill A Mockingbird)
- 《最长的一天》(The Longest Day)
- 《杰特森一家》(The Jetsons)
- 《约翰·尼卡森今夜秀》(The Tonight Show Starring Johnny Carson)

● **通信卫星传输电视信号**
1962年7月23日

通信卫星首次成功发射了跨大西洋的电视直播信号。"通信卫星1号"完成了发送电话、电报信息的任务。"通信卫星2号"随后在1963年推出。虽然它们变得不活跃了,但仍持续围绕地球运行。通信卫星的成功得益于美国、英国和法国的跨国合作。

● **风中残烛**
1962年8月5日

好莱坞明星性感女神玛丽莲·梦露(Marilyn Monroe)被发现死在了她洛杉矶布伦特伍德地区的家中,死因从表面来看是服药过量。有消息表明她可能是自杀,因为她的体内摄入了水合氯醛和安眠药。然而,她36岁去世的真正原因仍然是个谜,各种阴谋论也层出不穷。

● **梅雷迪思就读密西西比大学**
1962年10月1日

在20世纪60年代美国民权运动的关键时刻,激进主义者詹姆斯·梅雷迪思(James Meredith)成为第一位进入有着种族隔离制度的密西西比大学就读的黑人。在这之前他已经两次被这所学校拒之门外。暴力威胁使他只有在联邦警察的护送下才能确保安全。

第一部
詹姆斯·邦德
系列电影开始拍摄

1962年1月

《诺博士》是詹姆斯·邦德（James Bond）系列电影的第一部，根据伊恩·弗莱明（Ian Fleming）的畅销书改编，英国观众对该影片看法不一。尽管大家对这部影片的评论褒贬不一，但事实证明，它从商业价值来看还是成功的，同时也为接下来的邦德系列电影铺平了道路。肖恩·康纳利（Sean Connery）共7次饰演"邦德"这一同名角色。

玛丽莲·梦露之死

1962年8月5日

玛丽莲·梦露的管家和精神病医生砸开她紧锁的卧室门后,发现她死在了床上,随后警察将她的尸体推了出来。警方判定,由于她曾长期遭受精神疾病和毒瘾的折磨,所以她很可能是自杀的。然而,阴谋论驳斥了这一点——有人怀疑,梦露的死要么与她和罗伯特·肯尼迪的婚外情有关,要么是暴徒吉米·霍法(Jimmy Hoffa)所为。

第二次梵蒂冈大公会议

1962年10月11日

第二次梵蒂冈大公会议是由教皇约翰二十三世召集举行的，目的是为现代世界重塑罗马天主教会。来自世界各地的主教参加了这次会议。该会议为期三年，共批准通过了16份文件。这些文件阐释了天主教会继续向前发展的新教义。该会议也成为近一个世纪以来的第一次普世会议。

古巴导弹危机

1962年10月16日至28日

古巴导弹危机是冷战时期美国和苏联之间的一次危险对抗。苏联在古巴部署了能够瞄准美国本土的导弹,这一情况被美国发现之后,政治军事紧张局势进一步升级。世界核战争一触即发,幸亏两个超级大国最终达成了协议,问题才得以解决。

13天

古巴导弹危机

1962年10月16日

美国总统肯尼迪得知苏联正在古巴建造导弹基地。在接下来一周半的时间里,世界差点陷入了一场痛苦的核战争。

对决

　　1962年10月，世界濒临毁灭。在冷战局势最激烈的时期，苏联在叛乱的古巴共和国部署了中程弹道导弹，这一举动被美国发现，之后两国意识到双方陷入了紧张的对峙当中。在可怕的13天里，这两个超级大国一直处于核战争的边缘，它们彼此都很清楚，一旦爆发战争，就会造成毁灭性后果，十分令人担忧。对苏联人来说，历史上这一黑暗时期被称为加勒比危机；对古巴人来说，这是十月危机；但是，对美国和世界上的许多国家来说，这就是所谓的"古巴导弹危机"——这个词意味着难以想象的冰冷和恐惧，世界只是勉强躲过了一劫。

　　到这一危机出现的时候，美国和苏联的冷战已经持续了将近20年。冷战是在第二次世界大战以后正式开始的，有些人甚至将冷战追溯到第一次世界大战。尽管这两个超级大国各自都卷入了中国、希腊和朝鲜的地区战争，但这次危机并不是一场普通意义上的冲突，因为它主要是通过间谍活动而不是依靠军事力量展开的。1945年后，苏联加强了对东方集团的控制，而美国则试图通过北约（NATO）等国际组织来遏制苏联。在此期间，这两大对手在拉丁美洲、非洲非殖民化国家、中东和东南亚为争夺控制权和影响力进行了数年的较量，而这次在古巴，两大对手之间的冲突达到了白热化的程度。

肯尼迪　V　赫鲁晓夫

政治立场

1960年，肯尼迪成为民主党总统。他的目标是废除学校和其他公共场所的种族隔离制度，并放宽移民法。他加强了失业救济，并呼吁世界各国团结起来与贫困、饥饿和疾病做斗争。他还敦促美国人成为积极的公民，他有句名言："不要问你的国家为你做了什么，而要先问你为你的国家做了什么。"

赫鲁晓夫在1958年到1964年任苏联共产党的第一书记。他主张让共产党远离斯大林主义，结束了强迫式劳动，关闭了古拉格集中营。他是苏联太空计划的早期支持者，并倡导一些相对自由的国内政策，比如允许更大限度的艺术自由，为普通苏联人提供出国旅游的机会。

外交政策

在冷战高潮时期，担任美国总统的是肯尼迪，他是一位强烈的反共主义者。他与发展中国家的共产主义做斗争，并引入了太空竞赛，其目的既是为了取得科学成就，也是为了抢先于苏联登上月球。除了古巴导弹危机以外，肯尼迪政府还对越南共产党进行了干预。继古巴之后，肯尼迪领导的美国与苏联和英国谈判达成了一项禁止核试验条约。

1960年，这位苏联总理任命自己为苏联驻联合国代表团团长。有人指控他使用双重标准，他一方面声称反对殖民主义，另一方面又试图在东欧、东南亚和第三世界实行共产主义统治。第一次载人航天飞行的成功促使全世界都推断苏联的核武器计划会超前完成。赫鲁晓夫很高兴，并没有试图去纠正人们的这种想法。

军事经验

1941年至1945年，肯尼迪一直在美国海军部队服役。珍珠港袭击发生时，他还在海军部长办公室工作，但随后他在巴拿马和太平洋战争中参加了战斗，指挥鱼雷船，并获得中尉军衔。此外，他还获得了紫心勋章和"二战"胜利勋章。由于背部多次受伤，最终他不再参加战斗。

在俄国内战（1917—1922）和"二战"期间，赫鲁晓夫担任红军政治委员。军衔等级大致相当于一个部队指挥官，但政治委员有权在必要的时候撤销指挥官的命令。赫鲁晓夫的主要职责是在军队和莫斯科之间充当政治中间人。1942年，他在斯大林格勒保卫战中参加战斗，并为之自豪终生。

顾问咨询

肯尼迪的主要顾问包括副总统林登·约翰逊（Lyndon B. Johnson）、国务卿迪安·腊斯克（Dean Rusk）、参议院多数党领袖迈克·曼斯菲尔德（Mike Mansfield）、国防部长罗伯特·麦克纳马拉（Robert S McNamara）和司法部长罗伯特·肯尼迪。在古巴导弹危机期间，肯尼迪总统召集组建了特别咨询委员会执行会，包括上述所有人、美国驻苏联大使卢埃林·汤普森（Llewellyn Thompson）以及中央情报局和国防部的成员。

赫鲁晓夫上台后，在完全没有征求顾问们意见的情况下就独自决定了苏联的政策。当然，可能有人认为这是一种弱点，因为他这么做就等于是在做决策时略去了与他人协商的过程，而他人的意见很可能是有价值的。但在古巴导弹危机中，这一点起到了积极的作用，危机发生时，他头脑冷静，寻求和平谈判，因此避免了一场全球性灾难。

猪湾事件

入侵失败引发危机

发生缘由
- 古巴革命家菲德尔·卡斯特罗推翻独裁者富尔亨西奥·巴蒂斯塔（Fulgencio Batista）政权后，美国对古巴政治的新左翼发展方向感到担忧。
- 美国非常关注对巴蒂斯塔支持者的审判和处决。
- 卡斯特罗毫不避讳地站在了美国的对立面。

问题出在哪里？
中情局于1961年11月发布的一份报告中列出了导致猪湾入侵失败的一系列原因。该报告的作者监察长莱曼·柯克帕特里克（Lyman B. Kirkpatrick）指出，这次入侵失败的主要原因是缺乏合适的政策或应急计划。被派来参加本次行动的人员数量不够，队伍管理不善，甚至很少有人会说西班牙语。美国在古巴获取的情报也分析不当。没能成功地组织古巴的内部抵抗，也没能控制好逃离卡斯特罗政权的流亡者及反革命分子。这次行动搞得实在是太大了——从秘密的游击行动跳到了全面的军事干预，这使得"看似合理的否认"变得完全不可能。

事件发生的时间线

入侵前奏
1961年4月16日
美国在古巴其他地区进行了一系列活动来转移古巴人的注意力，目的是掩盖其真实意图。其中包括4月16日在巴拉科阿（Baracoa）和关塔那摩（Guantánamo）附近发生的"假战"。古巴革命武装力量争先恐后地与美国攻击者展开战斗，其激烈程度超出了美国的预期。

第一天
4月17日
1400名美国士兵、4艘运输船和一队小型玻璃船进入猪湾。古巴用战斗机和轰炸机做出回应。美国伞兵被空投至古巴岛，但却降落在了一片沼泽地，他们失去了所有的装备。对抗卡斯特罗政权的古巴领导人奥斯瓦尔多·拉米雷斯（Osvaldo Ramirez）被卡斯特罗的支持者抓获并当场处决。

第二天
4月18日
古巴军队、坦克和民兵迫使侵略者和抵抗者撤出了数个地区。美国中央情报局的B-26轰炸机飞行员瞄准古巴投放炸弹、凝固汽油弹和火箭，造成平民、警察以及军人的伤亡。

第三天
4月19日
美国中央情报局又一次对古巴进行空袭，古巴军队进行激烈防御，四名美国空军士兵丧生。陆地上的反卡斯特罗部队因失去了空中支援，弹药不断耗尽，被迫在古巴的猛烈进攻下撤退，落荒而逃。就这样，美国撤出了入侵活动。

最终结果
4月20日之后
美国驱逐舰沿着古巴海岸搜寻幸存者，同时用侦察机搜集情报。为了打击报复敌对势力，古巴发生了数百起处决事件，卡斯特罗看着捕获的俘虏喜不自胜。他希望和美国达成一项交易，即用这些俘虏来换取几台拖拉机。但经过谈判，美方最终同意用食品和药物来进行交换。

古巴导弹危机的直接根源在于1959年古巴政权的更迭：这场革命推翻了现任独裁者富尔亨西奥·巴蒂斯塔，古巴革命军（Cuban Revolutionary Army）的共产党总司令菲德尔·卡斯特罗被任命为总理，后来又担任了总统。作为巴蒂斯塔和其他拉美独裁主义的支持者，美国政府突然发现，卡斯特罗在与他们开展外交关系时，对他们提出了严厉的批评。于是作为回应，他们企图暗杀卡斯特罗，但最终失败了。在那之后，卡斯特罗便要求美军完全撤出关塔那摩湾。美国拒绝了这一要求，并继续留在那里，于是这里便成了美国唯一一个没有得到官方认可的军事基地。

1959年春天，卡斯特罗前往美国会见艾森豪威尔总统，但遭到了冷落，最终只会见了副总统尼克松。他们的会晤并不顺利，因为当卡斯特罗向联合国宣布古巴将在美苏关系中保持中立时，使得古巴进一步疏远了美国。不出所料，后来古巴的财富再分配政策也不受美国人的欢迎。美国人在古巴拥有土地，但只能眼睁睁地看着这些土地以他们并不满意的补偿价格从手中被夺走。于是，美国中央情报局又一次企图暗杀卡斯特罗，但仍然以失败告终。1959年10月，美国军方开始对古巴糖厂进行秘密轰炸，意在摧毁该国这一最有利可图的出口产品。随后，美国又袭击了古巴的炼油厂和哈瓦那（Havana）的民用产业，但美国官方对此一口否认。

> 针对暗杀企图和哈瓦那袭击事件，美国官方予以否认。

▲ 一群帮助抵抗猪湾入侵的古巴士兵。

▲ 这些示威者是1962年"妇女争取和平运动"的部分参与者。

1960年2月,卡斯特罗与苏联副总理阿纳斯塔斯·米高扬(Anastas Mikoyan)签署了一项贸易协议,希望这能让他在美国获得更大的影响力。然而事实正好相反,美国总统艾森豪威尔对自命不凡的古巴忍无可忍,下令中央情报局推翻古巴共和国。苏联总理赫鲁晓夫公开表示支持古巴。美国又发动了三次暗杀卡斯特罗的行动,但均未获得成功,其中一次还涉及了黑手党(Mifia)。1961年4月,美国对古巴实施了全面的贸易和经济制裁,并试图秘密入侵古巴。新上任的美国总统约翰·肯尼迪坚持否认有任何此类活动,但之后美国媒体也开始关注此事,消息便逐渐传开了。赫鲁晓夫发出警告称,苏联将干预美国对古巴采取的任何侵略活动,猪湾事件彻底溃败,造成200名士兵丧生、几千人被俘,在这之后美国被迫取消了入侵行动。肯尼迪和他的政府受到了彻底的羞辱。

经过这一事件,赫鲁晓夫和苏联人便认为肯尼迪软弱无能,因此他们利用这段间歇期抓住了机会。1962年8月,开始有消息从古巴传到美国,称在古巴发现有苏联卡车装载可疑设备。为了报复美国在苏联附近安装核导弹的行动,苏联也在加勒比地区安装了核导弹设备。他们在岛上安装了数量可观的SS-4核弹头——足以发射到美国东海岸和华盛顿特区。赫鲁晓夫最初声称,他们只是在为古巴提供非核地对空导弹,以防御其敌对邻国,但他的真正意图是为了在对抗美国和欧洲时获得更强大的政治立足点。

肯尼迪的对策是成立执行委员会(EXCOMM),即国家安全委员会执行委员会,该委员会提出了六种选择。第一,什么都不做,这显然是不可能的;第二,利用外交手段,但这

> 封锁古巴岛的决定(出于法律原因)被鼓吹为是对古巴的"隔离"。

▲ 阿德莱·史蒂文森（Adlai Stevenson）在向联合国安理会展示古巴核导弹照片。

已经行不通了；第三，对卡斯特罗进行暗杀，但这基本达不到预期的效果；第四、第五，分别是对古巴发动战争或占领古巴，但两者都存在巨大的风险。因此，他们最终决定采取第六种做法，即封锁该岛，尽管出于法律原因，这一举动被他们鼓吹为是对古巴的"隔离"，但实际上这后来被看作战争行为。

1962年10月22日晚上7点，肯尼迪通过美国电视和广播宣布对古巴的"隔离"政策立即生效，停止向古巴运送所有进攻性军事装备。5000名美国士兵被派往关塔那摩军事基地，同时派去的还有空降部队和海军部队。卡斯特罗也开始动员古巴军队，赫鲁晓夫声称这一"隔离"政策是美国跟踪苏联潜艇B-59的敌对活动并开始进行军事演习，他威胁说，如果美国不离开古巴，那他们极有可能与美国开战。

第二天，美国飞机查明苏联确实在对导弹进行发射测试，于是美国军舰在古巴海岸线附近就位，禁止任何船只靠近该岛。10月25日，肯尼迪在写给赫鲁晓夫的信中声称如果苏联不把导弹从古巴领土上运走，双方将全面开战。10月26日，赫鲁晓夫对此做出了最终回应，提出一个妥协方案：苏联将撤出其部署在古巴的核武器设备，作为交换，美国需保证永远不会再入侵古巴或支持其他任何国家这么做。

▲ 像"木星火箭"这样的核导弹被部署在土耳其和意大利。

肯尼迪表示愿意以此为基础进行一系列严肃的谈判，但是卡斯特罗却表现得很冷淡，仍然不肯相信肯尼迪。他在给赫鲁晓夫的信中概述了他自己的观点，即美国最终将不顾双方达成的协议而入侵古巴，同时他全权委托苏联，让苏联继续将导弹留在古巴，作为古巴的第一道最佳防线和威慑力量。"我认为帝国主义的侵略是极其危险的，"卡斯特罗在信（现在被称作"世界末日的信件"）中说道，"如果他们真的违反国际法和道德对古巴实施野蛮的侵略，那就到了通过一种最合法的自卫行为来永远消除这种危机的时刻，不管采取的措施是多么严酷可怕。"

10月27日，美国空军少校鲁道夫·安德森（Rudolf Anderson）误入古巴领空，他驾驶的F-102战斗机被击落，他也不幸身亡。此外，试图探知该地区位置的美国侦察机也从地面遭到射击，而与此同时，加勒比水域下也正在发生危险。美国海军驱逐舰"比尔号"（USS Beale）投下深水炸弹，命中数个目标。然而，"比尔号"的船员并不知道苏联潜艇B-59也正携带着一枚1.5万吨的核鱼雷。由于空气耗尽，还被船只包围，B-59潜艇无法浮出水面，军官们绝望地发射完了全部弹药，之后，船长瓦西里·阿尔希波夫（Vasili Arkhipov）成功说服战友放下武器投降。可能就是他的这一举动拯救了整个世界。

就在这一切发生时，肯尼迪又收到赫鲁晓夫的一封信，信中表示如果美国从土耳其撤回其军事武器，那他们也会从古巴撤回。对美国飞机的袭击并没有得到苏联官方的批准，而只是得到了独立行动的指挥官的命令。苏联似乎面临着失去对自己军队控制的危险，倘若这一情况真的发生，可能会造成灾难性的后果。

肯尼迪回应赫鲁晓夫并接受了他的条件：承诺如果苏联拆除导弹，美国就决不再入侵古巴，并在秘密补充条款中同意将美国威胁苏联的导弹撤出土耳其。赫鲁晓夫后来透露，肯尼迪还提出从意大利撤走美国的核武器，然而这只是一个象征性的表态，因为美国部署在意大利的武器早就过时了。

10月28日上午9点，莫斯科电台播放了赫鲁晓夫的电文，他表示，苏联将立即停止在古巴武器基地的活动，拆除建在当地的军火库并迅速将武器撤回。肯尼迪如释重负，立即做出回应，承诺遵守协议，并称赫鲁晓夫的决定是"对和平

史上最长的13天

对古巴导弹危机事件的逐日报道

● 10月16日
肯尼迪总统和他的员工通过侦察照片得知苏联正在古巴建设导弹基地。肯尼迪继续依照公开日程进行活动，同时秘密讨论是否发动空袭或封锁古巴海岸。

● 10月17日
肯尼迪继续他的官方公开活动，他觉得当下重要的是继续保持镇定而不是引起关注。他与利比亚王储哈桑共进午餐，并访问康涅狄格州支持民主党候选人。

● 10月18日
苏联外交部长安德烈·葛罗米柯坚称，苏联对古巴的援助纯粹是出于国防目的，并不是为了威胁美国。肯尼迪向葛罗米柯发出警告，称如果在古巴领土上发现苏联的核武器，那后果将不堪设想。

● 10月19日
导弹危机开始浮出水面，肯尼迪按照在这之前制定好的计划，前往俄亥俄州和伊利诺伊州参加国会竞选活动。在肯尼迪外出访问期间，他的顾问们继续就古巴的最佳行动方案展开激烈讨论。

● 10月20日
肯尼迪返回华盛顿，经过5个小时的紧张讨论，最终决定封锁和"隔离"古巴。于是，相关工作就开始了，他着手调派海陆军队，同时还起草一份向公众告知相关情况的讲话稿。

● 10月21日
这一天中，苏美双方又进行了一系列的面议和电话交谈。战术空军指挥官沃尔特·斯威尼向肯尼迪建议说，空袭古巴不能保证摧毁苏联所有的地面导弹。

所做的重要建设性贡献"。苏美任何一方都没有提前征求卡斯特罗的意见，因此当卡斯特罗像普通大众一样从电台得知这一消息后非常愤怒。

美国对古巴的"隔离"并未立即结束，空中侦察仍在继续，为的是监视苏联人是否遵守承诺正在收拾行囊。所幸这一切都很顺利，苏联把导弹及其支援设备成功地装上8艘船，于11月5日至9日离开了古巴水域。11月20日，封锁正式结束，次年4月，美国也从土耳其撤走了其部署的核导弹。卡斯特罗感到非常愤怒，苏古关系也因此明显冷淡了许多，但事实上，他的地位却在这场危机中得到了巩固。美国现在不能攻击古

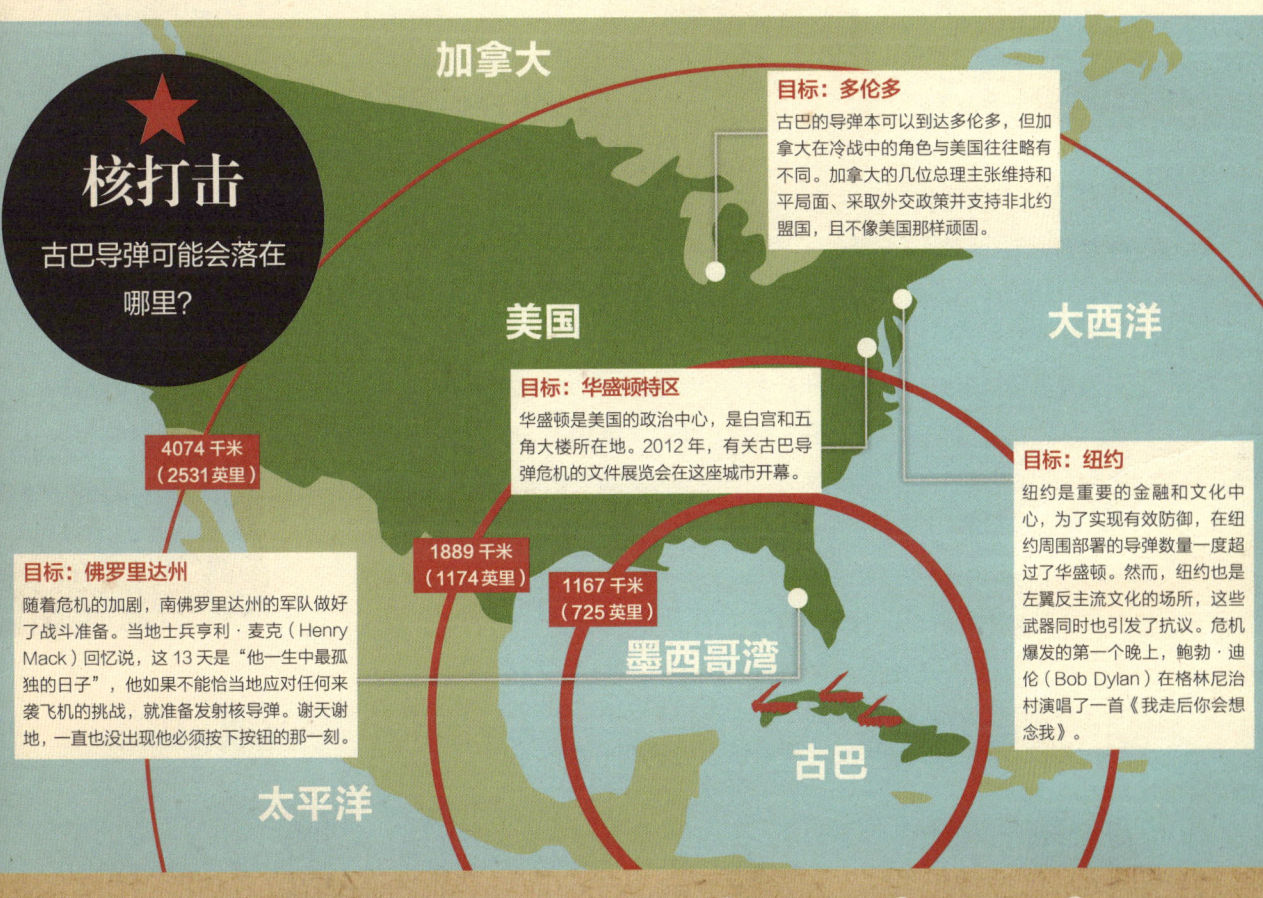

核打击
古巴导弹可能会落在哪里？

目标：多伦多
古巴的导弹本可以到达多伦多，但加拿大在冷战中的角色与美国往往略有不同。加拿大的几位总理主张维持和平局面、采取外交政策并支持非北约盟国，且不像美国那样顽固。

目标：华盛顿特区
华盛顿是美国的政治中心，是白宫和五角大楼所在地。2012年，有关古巴导弹危机的文件展览会在这座城市开幕。

目标：纽约
纽约是重要的金融和文化中心，为了实现有效防御，在纽约周围部署的导弹数量一度超过了华盛顿。然而，纽约也是左翼反主流文化的场所，这些武器同时也引发了抗议。危机爆发的第一个晚上，鲍勃·迪伦（Bob Dylan）在格林尼治村演唱了一首《我走后你会想念我》。

目标：佛罗里达州
随着危机的加剧，南佛罗里达州的军队做好了战斗准备。当地士兵亨利·麦克（Henry Mack）回忆说，这13天是"他一生中最孤独的日子"，他如果不能恰当地应对任何来袭飞机的挑战，就准备发射核导弹。谢天谢地，一直也没出现他必须按下按钮的那一刻。

4074千米（2531英里）
1889千米（1174英里）
1167千米（725英里）

10月22日
肯尼迪将目前的危机告知英国首相哈罗德·麦克米伦（Harold MacMillan），并写信给赫鲁晓夫。肯尼迪在信中写道："无论是你还是其他任何一个心智健全的人都不会……故意把整个世界拖入一场任何国家都无法打赢的战争。"他还在美国电视上发表了讲话。

10月23日
美国的"隔离"船驶入古巴周围，而苏联的潜艇也潜伏在附近。肯尼迪要求赫鲁晓夫阻止所有苏联船只接近古巴。罗伯特·肯尼迪到苏联大使馆去会见大使。

10月24日
赫鲁晓夫在给肯尼迪的回信中充满了敌意，他抱怨美国在使用恐吓手段。这位苏联总理写道："你这是在无理取闹，你竟然威胁说，如果我们不屈服于你的要求，你就要使用武力。"

10月25日
肯尼迪写信给赫鲁晓夫，敦促苏联从古巴撤军，与此同时，他拒绝了联合国秘书长吴丹（U. Thant）提出的要求双方步入"冷却期"的建议，因为苏联的导弹会继续留在古巴。美国和苏联在联合国进行了激烈的辩论。

10月26日
卡斯特罗写信给赫鲁晓夫，强烈建议他，即使这意味着要以灾难性的武力表明立场也决不要让步。但是赫鲁晓夫联系到肯尼迪并提出了一个解决方案：美国从土耳其和意大利拆除部署的核武器，作为交换，苏联也会从古巴撤军。

10月27日
一架美国U-2飞机在古巴领空被苏联导弹击落，飞行员丧生。与此同时，一艘载有核弹头的苏联潜艇也遭到了袭击。罗伯特·肯尼迪秘密会见了苏联大使，双方谨慎地达成了协议。

10月28日
莫斯科广播电台宣布，苏联同意离开古巴，但前提条件是美国保证永远不能再试图入侵古巴，且承诺将其大规模杀伤性武器（WMD）从苏联附近的地点撤出。卡斯特罗从公共电台得知这一消息后勃然大怒。

巴或卡斯特罗个人，否则的话，就会违反他们自己的和平条约条款，或者面临苏联全面报复的风险。

危机过后，莫斯科和华盛顿之间设立了热线，直接联系这两个超级大国，以便再次发生这种可怕的情况时，谈判起来更容易些。鲁道夫·安德森少校是在本次对峙中被射杀的唯一一名战斗人员（尽管另有18人在坠机事故中丧生），他的遗体被送回美国，以最隆重的军礼葬在南卡罗来纳州。

尽管卡斯特罗的地位得以巩固，但无论是美国还是苏联都未能带着荣耀走出这次危机。赫鲁晓夫在苏联又执政两年后最终还是下台了。与此同时，尽管美国试图将这一结果公开宣扬为一场胜利，但矛盾也是存在的。例如，美国空军上将柯蒂斯·勒梅（Curtis LeMay）称古巴导弹危机是"（美国）历史上遭受的最大失败"，尽管只有少数人支持他的观点。自危机爆发之初，勒梅就强烈主张入侵古巴，在苏联撤军后，他继续主张这么做。他说："我们不仅可以把导弹赶出古巴，我们还可以把共产主义者赶出古巴。"25年过去了，他仍在抱怨。

最终，也许是人类本身赢得了古巴导弹危机，这一事件向人们敲响了警钟，国际力量的平衡操控在两个超级大国手中，它们中的任何一方都有能力在片刻之间毁灭另一方，同时很有可能牵连到世界上的其他人。保守估计，倘若美苏之间真的爆发了核战争，那么伤亡人数可能高达数亿。

然而，令人担忧的是，著名的"末日时钟"在危机期间没有动，因为危机

> B-59潜艇上的军官们绝望地发射完了全部弹药。

▲ 国家安委会执行委员会（EXCOMM）于1962年10月26日开会讨论战术。

自说自话：三位领导人分别陈述了自己的观点

"在我们的讨论和交流中……我最担心的是，你方政府也许并不能正确地理解我们美国在任何特定情况下的意愿和决心，我觉得无论是你还是其他任何一个心智健全的人都不会在这样一个核时代故意把整个世界拖入一场任何国家都无法打赢的战争，更何况这场战争还会给整个世界带来灾难性的后果。"
肯尼迪写给赫鲁晓夫的信，1962年10月22日

"总统先生，你这不是在宣布隔离政策，而是在发最后通牒，你竟然威胁说，如果我们不屈服于你的要求，你就要使用武力。仔细回味一下你说的话吧！你还想说服我同意这件事情！你这是无理取闹，竟然还想要恐吓我们。"
赫鲁晓夫写给肯尼迪的信，1962年10月24日

"苏联在任何情况下都决不能允许帝国主义率先进行核打击。（如果）帝国主义对古巴进行侵略——这是一种违反普遍法则及道德法律的野蛮行为——那这就到了通过一种最合法的自卫行为来永远消除这种危机的时刻。不管解决办法多么严酷可怕，也要义无反顾地执行，因为确实也没有其他办法了。"
卡斯特罗写给赫鲁晓夫的信，1962年10月26日

▲ 1962年10月18日,肯尼迪会见苏联外交部长安德烈·葛罗米柯。

▲ 苏联的这些导弹于1962年10月被部署在古巴。

莫斯科—华盛顿热线
为了方便交流

在人们的想象中,莫斯科—华盛顿热线是一部红色的电话机,然而事实上这一热线从来就不是电话机。它最初是一种电传打字系统,沿用20年后,被传真机取代。自2008年以来,它变成了用于发电子邮件信息的安全计算机网络。这条热线是在1963年古巴导弹危机后设立起来的,将五角大楼与克里姆林宫直接联系起来,以便在发生任何敌对行动或"误解"时,可以立即进行沟通。在危机期间,美国翻译破解赫鲁晓夫的信息往往要花费数小时,这是非常危险的。

尽管这看起来似乎是一个明智之举,但肯尼迪当时因启用该热线而受到了共和党的批评。有人指责肯尼迪会先与"死敌"对话而失去他"坚实的盟友"!

发生的速度超过了末日时钟表盘所能做出反应的速度。① "末日时钟"用"午夜前几分钟"(minutes to midnight)这一表达方式,以象征性的视觉形式展示了世界在任何特定时间点距离一场政治性全球灾难有多近。在危机爆发之前,分针停在"午夜前7分钟"处,危机过后又回到了"午夜前12分钟"处,因为签署了和平条约,所以世界看起来似乎安全了一些。如今,"末日时钟"的指针停在"午夜前两分钟"处,离危险更近,而这主要"得益"于:全球核储备只增不减,地区冲突仍有可能发生,人为因素导致的气候变化影响巨大,以及全球领导人无法应对威胁。

> 人们认为赫鲁晓夫从一开始就从他开创的局势中退缩了。

① 末日时钟(Doomsday Clock)是一个虚构钟面,由芝加哥大学的《原子科学家公报》杂志于1947年设立,标示出世界受核武威胁的程度——12时整象征核战爆发。杂志社根据世界局势将分针拨前或拨后,以此提醒各界正视问题。时钟设立之初正值冷战,分针距离午夜仅7分钟,其后根据世界局势及爆发核战的可能而变动,幅度由《原子科学家公报》杂志委员会决定。然而,时钟有时未能及时反映实况,如1962年古巴导弹危机时核战濒临爆发,当时委员会却没有拨动时钟。

1963

许多人认为这一年是20世纪60年代真正的起点：甲壳虫乐队、肯尼迪、"我有一个梦想"演讲……这一年是独一无二的一年。

凡是在那个年代有记忆的人都能告诉你当他们听说约翰·肯尼迪总统被暗杀时，他们在哪里，在干什么。11月22日，李·哈维·奥斯瓦尔德（Lee Harvey Oswald）开枪刺杀总统事件在全世界引起反响。肯尼迪总统当时正在得克萨斯州达拉斯市访问，他乘坐敞篷轿车向欢呼的人群挥手致意，突然有三枚子弹从得州教科书仓库大楼的六层飞了过来。这位年轻的总统便死在了妻子杰奎琳（Jackie）的怀中，整个世界为之震惊，默默地与她一起哀悼（人们并不相信仅凭一个枪手就能杀死总统，于是他们设想了各种各样的阴谋论）。就在那一天，20世纪60年代显露出了黑暗的一面，并且这也不是最后一次。

> 11月22日，《纳尼亚传奇》的作者克莱夫·斯特普尔斯·刘易斯（CS Lewis）和《美丽新世界》的作者奥尔德斯·赫胥黎（Aldous Huxley）相继去世。

对和平变革的渴望（这是20世纪60年代的又一面）在1963年早些时候就已经开始涌现了。马丁·路德·金（Martin Luther King Jr.）带领超过25万人进行游行示威并在华盛v顿特区聚集，在那里他发表了演讲，他说："我梦想有一天，我的四个孩子将生活在一个不以他们皮肤的颜色，而是以他们品格的优劣来评价

关键时刻

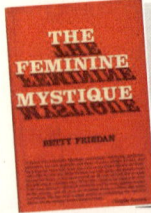   

● **《女性的奥秘》**
1963年2月19日
贝蒂·弗里丹（Betty Friedan）写《女性的奥秘》（The Feminine Mystique）一书是为了试图揭秘为什么大多数表面看来婚姻幸福、育儿有方的女性对自己的生活深感不满。在此过程中，她发起了第二波女权运动，从妇女选举权问题转到了性和家庭问题上。50多年过去了，这本书表达的观点仍然影响着整个世界。

● **比钦博士的报告**
1963年3月27日
比钦（Beeching）博士发表了关于《英国铁路改造》（The Reshaping of British Railways）的报告，他在报告中建议将铁路网缩减四分之一，这意味着要关闭2128个车站和5000英里长的铁路线。比钦认为，未来还是要依靠公路运输。这个发明铁路的国家似乎有可能要背弃自己的发明。

● **莫里斯·桑达克（Maurice Sendak）的《野兽国》**
1963年4月9日
这本书只有338个单词，但马克斯（Max）和野生动物的故事在半个多世纪里一直吸引着儿童和成人，并引发了关于到底谁是野生动物以及马克斯如何驯服它们的争论。这是第一本把图画和故事结合在一起的新型书籍。

▲1963年12月13日,一位名叫史提夫·汪达(Stevie Wonder)的年轻人出现在法国巴黎的奥林匹亚音乐厅。

他们的国度里。"这次演讲将美国黑人的民权问题推到了政治议程的首位。

与此同时,在英国,负责战争事务的国务卿约翰·普罗富莫(John Profumo)在向议会承认他与克里斯汀·基勒(Christine Keeler)的婚外情后辞职。基勒在与普罗富莫发生婚外情的同时还与苏联的一名海军武官有染。普罗富莫辞职后,在伦敦东区的一家慈善机构做志愿者,负责清理厕所。

流行音乐排行榜

· 甲壳虫乐队(The Beatles)
《请取悦我》(Please Please Me)

· 鲍勃·迪伦(Bob Dylan)
《放任自流的鲍勃·迪伦》(The Freewheelin' Bob Dylan)

· 海滩男孩乐队(The Beach Boys)
《美国冲浪》(Surfin' USA)

· 史提夫·汪达(Stevie Wonder)
《指尖》(Fingertips)

· 查尔斯·明格斯(Charles Mingus)
《黑圣人与女罪人》(The Black Saint And the Sinner Lady)

热门电影和电视节目

· 《群鸟》
(The Birds)

· 《007之来自俄国的爱情》
(From Russia with Love)

· 《八部半》
(8½)

· 《蔑视》
(Le mépris)

· 《神秘博士》
(Doctor Who)

· 重大火车抢劫案
1963年8月8日

英国历史上规模最大、最臭名昭著的一起抢劫案发生了,一伙歹徒拦截了一列皇家邮政火车,偷走了120个邮袋,抢劫了260多万英镑(相当于现在的3800万英镑)。该团伙由15名男子和2名铁路告密者组成,大多数已被警方抓获,送入监狱服刑,但被盗的钱财只追回了一小部分。

· 米尔格拉姆的实验
1963年10月

心理学家斯坦利·米尔格拉姆(Stanley Milgram)发了一则广告,招募一些人来帮助他做一项关于记忆的实验,但他实际上是在测试人们对权威的服从程度。他经过研究发现,参与实验的人都愿意对实验中的另一个人(米尔格拉姆的同事)施加严重的、甚至是致命的电击。他们认为,毕竟自己只是在服从命令。

· 笑脸图标
1963年

平面设计师哈维·罗斯·鲍尔(Harvey Ross Ball)受马萨诸塞州伍斯特市共同人寿保险公司委托,构想出一种设计,以便能让公司里因近期的合并事宜受挫的员工重新振作起来。鲍尔花10分钟想出了一种笑脸的设计,对方给他支付了45美元。这个笑脸后来成为了世界上最容易辨认的平面设计作品。

甲壳虫乐队的首张专辑在英国发行

1963年3月22日

甲壳虫乐队的首张专辑《请取悦我》永远地改变了流行文化。这支乐队仅用一天时间就以400英镑的总成本录制了这张专辑，着实让人吃惊，这张专辑的成功录制也标志着摇滚音乐进入了一个新时代。乐队成员麦卡特尼（McCartney）和列侬（Lennon）在这张专辑的创作过程中充分展示了各自的才能，同时也揭露了一个事实：歌手也可以成为才华横溢的词曲作者。

普罗富莫事件

1963年6月5日

约翰·普罗富莫与19岁的克里斯汀·基勒传出绯闻，而她同时也与苏联驻英国大使馆武官叶夫根尼·伊万诺夫（Yevgeny Ivanov）有染，这是英国最大的政治丑闻之一。负责战争事务的国务卿普罗富莫最初否认此事，但是迫于舆论压力，他最终承认了与基勒的特殊关系，随后引咎辞职。这一丑闻促使英国首相哈罗德·麦克米伦也被迫辞职，并导致保守党在1964年的大选中落败。

重大火车抢劫案

1963年8月8日

在布赖戈铁路大桥（Bridego Railway Bridge）上，15名歹徒袭击了一辆从格拉斯哥（Glasgow）开往伦敦的皇家邮政列车。这伙人用一根金属棒重击了火车司机杰克·米尔斯（Jack Mills）的头部，使他身受重伤。事后，大多数行凶者均落网，并因盗窃260多万英镑而被定罪，但大部分赃物却一直没有被追回。

"我有一个梦想"演讲

1963年8月28日

在美国民权运动的关键时刻，马丁·路德·金面对25万多人发表的演讲激发了人们支持变革的强烈愿望。在"为工作与自由向华盛顿进军"中，马丁·路德·金呼吁结束种族主义，呼吁黑人应在美国享有公民和经济权利。他在反对种族歧视游行一年后被授予诺贝尔和平奖。

肯尼迪遇刺事件

1963年11月22日

为了修复得克萨斯州的政治关系,美国第35任总统约翰·肯尼迪携夫人杰奎琳访问了该州的达拉斯市。结果被前美国海军陆战队枪手李·哈维·奥斯瓦尔德枪杀,奥斯瓦尔德后来也被开枪打死了,因此没能在法庭上接受裁决。肯尼迪遇刺事件震惊了整个世界,几十年来人们一直对此事猜测不断。

1964

1963 年被认为是 20 世纪 60 年代真正开始的一年,而 1964 年则被认为是整个世界全面爆发的一年。

正是在这一年,对甲壳虫乐队的狂热真正蔓延至全球。甲壳虫乐队在欧洲、美国、中国香港、澳大利亚和新西兰等国家与地区巡演,录制并发行了两张录音室专辑,所到之处歌迷们疯狂的尖叫声震耳欲聋。这一盛况可谓前所未有。

1964 年 2 月 7 日,甲壳虫乐队抵达纽约,3000 名歌迷在机场等着迎接他们的到来。两天后,当这支乐队出现在《爱德·萨利文秀》(The Ed Sullivan Show)的节目现场时,有 7300 万人坐在电视机前观看他们的表演。随后的几场演唱会更使他们在狂热的歌迷眼中树立了绝佳的形象。从那以后,歌迷们的疯狂行为就一直在延续,但这一次的盛况还真是空前绝后:尖叫、排队、等待,甚至有人把他们视为迫切想要获得的猎物,这意味着甲壳虫乐队需要得到警方的保护。最后,他们都被粉丝的疯狂行为折磨得筋疲力尽,1966 年 8 月 29 日,在完成了最后一次巡演之后,成员乔治·哈里森(George Harrison)解释了为什么在 1400 多场演唱会之后他们都受够了巡演,他说:"……根本没有人能听到我们唱歌。"

除了对流行歌手的狂热崇拜以外,美国民权运动也于 1964 年首次在立法方面取得了重大胜利。1964 年 7 月 2 日,《民权法案》签署成为

> 言辞犀利的挑战者卡修斯·克莱终于实现了几乎不可能实现的梦想:击败了索尼·利斯顿(Sonny Liston),成为世界重量级拳王。

关键时刻

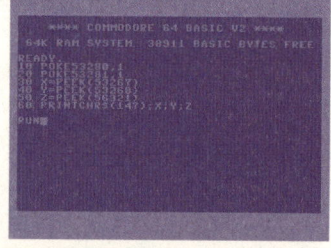

《查理和巧克力工厂》
1964 年 1 月 17 日(美国);
1964 年 11 月 23 日(英国)

《查理和巧克力工厂》(Charlie And The Chocolate Factory)一书促使每一个爱吃巧克力的孩子和不少成年人都梦想着在他们的下一块巧克力中找到一张金色奖券。这本书出版以后,印刷从未间断。这是达尔(Dahl)所描述的关于叛逆孩子和无能大人之间的故事中最受欢迎的一个。

增加电视频道
1964 年 4 月 21 日

在 4 月 21 日 BBC 电视二台(BBC2)开播之前,英国电视观众只能收看 BBC 电视一台(BBC)和独立电视台(ITV)两个频道。BBC 电视二台原定于 4 月 20 日晚开播,但因当晚停电,只能推迟到次日晚间。该频道播出的第一个节目是《玩转校园》。1967 年,BBC 电视二台成为欧洲第一家彩色播出的电视频道。

初学者通用符号指令代码
1964 年 5 月 1 日

初学者通用符号指令代码(BASIC)是一种专为初学者设计的计算机编程语言,它的出现使得普通人设计程序成为可能,而不只限于数学家和计算机科学家们。随着 20 世纪 70 年代微型计算机的普及,初学者通用符号指令代码将成为主要的编程语言,推动计算机行业的爆炸性发展。

▲1964年4月4日，甲壳虫乐队成功成为第一个也是唯一一个独占美国公告牌音乐排行榜前五名的乐队。

流行音乐排行榜

- 甲壳虫乐队
《我想握住你的手》（ I Want To Hold Your Hand ）
- 动物乐队（ The Animals ）
《旭日之家》（ House Of Rising Sun ）
- 至上女声组合（ The Supremes ）
《我们的爱去哪了》（ Where Did Our Love Go ）
- 甲壳虫乐队
《爱情无价》（ Can't Buy Me Love ）
- 鲍勃·迪伦
《变革的时代》（ The Times They Are A-Changin ）

热门电影和电视节目

- 《奇爱博士》（ How I Stopped Worrying And Learned To Love The Bomb ）
- 《荒野大镖客》
（ A Fistful Of Dollars ）
- 《窈窕淑女》
（ My Fair Lady ）
- 《马太福音》
（ The Gospel According To St Matthew ）
- 《流行音乐排行榜》
（ Top Of The Pops ）

法律，禁止对种族、宗教、性别、肤色或国籍的歧视。另一方面，12月21日，英国下议院 House of Commons）就是否赞成废除死刑进行了一次自由投票。最终，下议院以 355 票对 170 票赞成废除死刑，但审查这一决定还需要花费 5 年的时间。7月 29 日，英国第一家为未婚女性提供避孕服务的诊所正式开业，这标志着口服避孕药在英国推行后，人们的性观念有所改变。几个月前，也就是 3 月 28 日，海盗电台卡罗琳广播电台（ Radio Caroline）在北海的船只上开始播放 20 世纪 60 年代的标志性音乐。

● 纳尔逊·曼德拉入狱
1964 年 6 月 12 日

纳尔逊·曼德拉（ Nelson Mandela）和其他九名南非非洲人国民大会（ANC）激进主义者接受审判，南非政府以"企图暴力推翻政府"罪对他们进行指控。1964 年 6 月 12 日，曼德拉被判有罪，判处终身监禁。他在罗本岛（ Robben Island ）度过了接下来的 18 年，在那之后又过了 9 年他才被释放。

● 兰尼·布鲁斯被判有罪
1964 年 11 月 4 日

兰尼·布鲁斯（ Lenny Bruce）因敢开别人不敢开的玩笑而出名。结果，有人指控他使用猥亵言辞，11 月 4 日，他被判有罪，要在济贫院服刑 4 个月。在保释和上诉期间，1966 年 8 月 3 日，布鲁斯因过量服用毒品死亡，这是这十年里因吸食毒品而死亡的首批案例之一。

● 计算机鼠标
1964 年

道格拉斯·恩格尔巴特（ Douglas Engelbart）构想出了鼠标原型，该鼠标原型是由一个木盒子和两个装在里面的金属转轮组成的。在有了原型之后，他一直在尝试使用各种办法去移动屏幕上的光标。1972 年，比尔·英格利希（ Bill English）在鼠标上添加了追踪球，使其能够向各个方向移动。1980 年，第一台光学鼠标问世。后来鼠标的迭代也都是源于恩格尔巴特的原始思想。

卡修斯·克莱对决索尼·利斯顿

1964年2月25日

人们都不觉得卡修斯·克莱这个不占半点优势的22岁毛头小子会打败世界重量级冠军索尼·利斯顿。经过六轮角逐，在技术淘汰赛中，克莱击败了对手利斯顿，成为拳击史上最年轻的重量级冠军。不久之后，克莱皈依伊斯兰教，改名为穆罕默德·阿里。

纽约世界博览会

1964年4月22日

纽约世界博览会旨在展示20世纪中期的美国文化和科技，5100多万人前去观展。在举国上下都在为肯尼迪总统哀悼之际，这次博览会为美国大众带来了些许安慰，因为肯尼迪是本次博览会的热心支持者。位于中心的巨型不锈钢地球仪（Unisphere）成为了本次博览会的标志性建筑。

摩登派和摇滚派的冲突

1964年5月16日

英国发现本国深陷于两大亚文化青年群体的纷争之中：摩登派和摇滚派。摩登派身穿设计师套装，偏爱20世纪60年代的流行乐，而摇滚派则穿着皮衣，钟情于20世纪50年代的摇滚乐。1964年，两个派别之间的紧张关系达到顶峰，在许多海滨城镇爆发了冲突。媒体对这些冲突的报道引发了全国的道德恐慌。

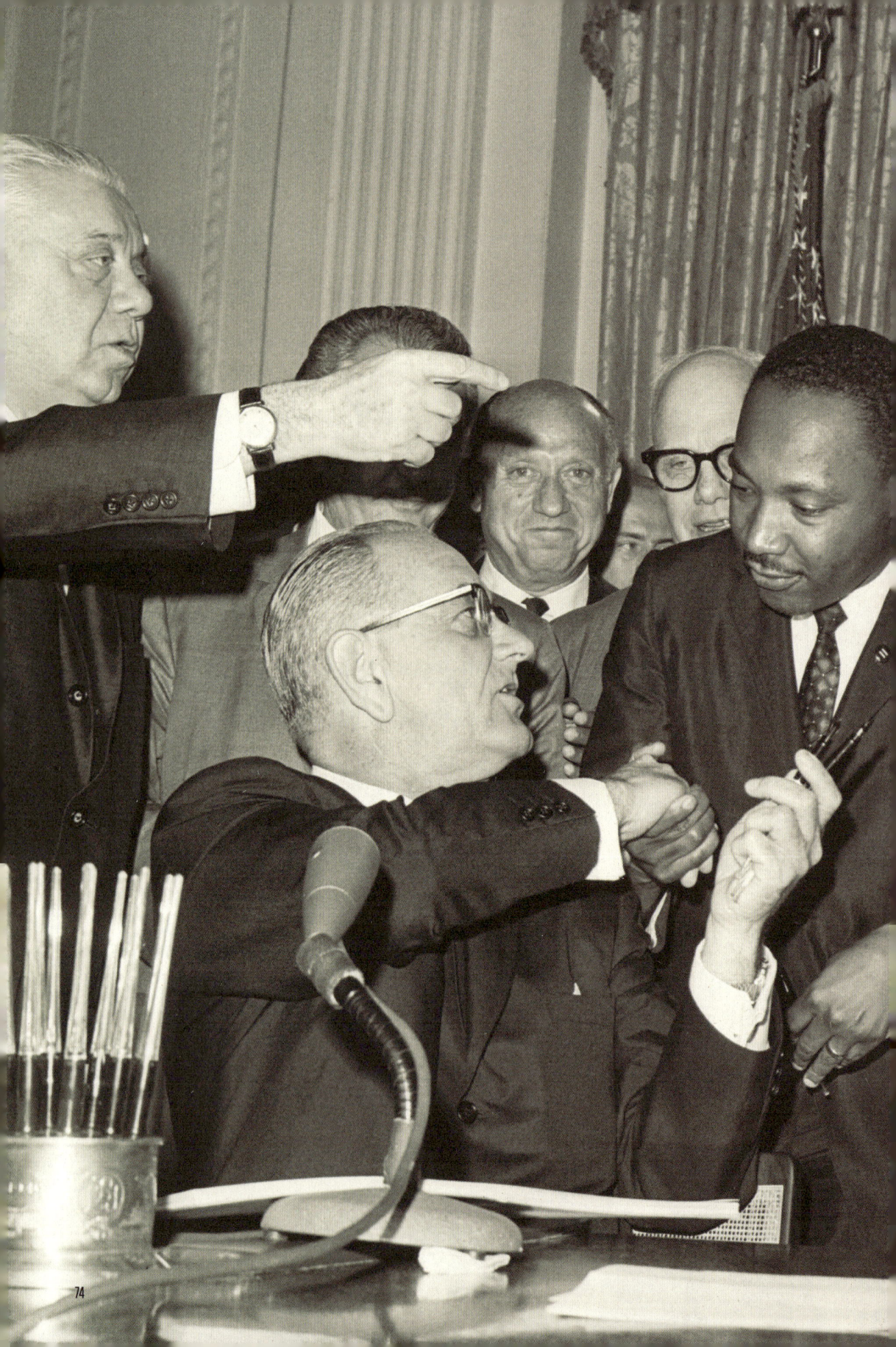

马丁·路德·金 签署《民权法案》

1964年7月2日

1964年,林登·约翰逊总统将签署《民权法案》的权力移交给民权领袖马丁·路德·金。该法案的签署是经过多年斗争取得的结果,是美国严苛的种族隔离制度的一个转折点。在美国,因为存在种族隔离制度,有色人种被视为二等公民。签署的《民权法案》禁止种族、肤色、宗教、性别或国籍歧视,使美国的整体面貌发生了变化。

日本东京奥运会开幕

1964年10月10日

1964年日本东京奥运会是首次在亚洲举办的夏季奥运会,也是首次实现国际电视转播的奥运会(在这之前的奥运会都需要将现场录播的磁带送往海外放映,人们才能观看比赛),还是首次在一定程度上实现彩色直播的奥运会。最重要的是,本次奥运会标志着日本在"二战"后重新融入了国际社会。

1965年，60年代的阴暗面开始显现，战争、暗杀、谋杀都争着在新闻头条占据一席之地。

1965年，在美国的扶持下，东南亚酝酿已久的冲突急剧升级。越南战争是美国支持的南越政府和苏联支持的北越政府之间的对抗。但到1965年12月为止，美国总统林登·约翰逊将派往越南的美国士兵数量从1964年底的23000人增加到了154000人。这样一来，美国在这场冲突中起了更直接的作用，因此付出的代价也更大，美国士兵的伤亡人数也更多。

1965年2月21日，黑人意识领袖马尔科姆·X（Malcolm X）在哈莱姆区（Harlem）准备向观众发表演讲时被暗杀，这进一步表明暴力活动正愈演愈烈。马尔科姆之前曾拥护伊斯兰民族运动组织，但他在1964年脱离了该组织。杀他的人正是该组织的成员。

8月11日，在黑人聚居的洛杉矶瓦茨地区爆发骚乱，进一步证明了美国种族关系仍然处于白热化状态。经过5天的暴乱和洗劫，30人死亡，数百人受伤，2200人被捕。平息这次骚乱足足用了两万名国民警卫队警员。

10月28日，伊恩·布雷迪（Ian Brady）和迈拉·希德莉（Myra Hindley）在英国被指控谋杀10岁的莱斯利·安·唐尼（Lesley Ann

1月24日，英国经过测算，在高速公路上设置了时速为70英里的限速。在这之前，高速公路上的车速是不受限制的。

关键时刻

● **迷你裙的诞生**
1965年
20世纪60年代，裙子逐渐流行起来。1965年，时装设计师玛莉官（Mary Quant）给这款时装取了一个新名字——迷你裙，这个名字借鉴了她最喜欢的汽车和经典设计品牌迷你库柏（Mini Cooper）。玛莉官将短裙与色彩鲜艳且带有图案的紧身衣、高筒靴和一种戏谑的态度结合在一起，并让其在代表着"摇摆伦敦"女性的崔姬（Twiggy）身上得以完美展现。

● **温斯顿·丘吉尔的葬礼**
1965年1月30日
温斯顿·丘吉尔（Winston Churchill），这位在"二战"最黑暗的日子里团结了所有反法西斯力量的伟大人物，在国葬之后终将长眠。110个国家的领导人参加了他的国葬，欧洲超过3.5亿人在电视上观看了这场葬礼。他留下的空缺没有人可以填补，丘吉尔的离世继而被视为大英帝国时代的终结。

● **加拿大国旗**
1965年2月15日
传统的加拿大国旗是带有加拿大盾徽的红色旗帜。但在1963年至1964年的"加拿大国旗大辩论"（Great Canadian Flag Debate）之后，枫叶旗被采纳。伊丽莎白女王（Queen Elizabeth）和加拿大总理及司法部长签署公告后，加拿大才正式宣布"枫叶旗"为加拿大国旗。

▲ 滚石乐队是"英伦入侵"的一部分，英国音乐在美国公告牌单曲排行榜上名列前茅：《我不能一无所有》这首歌连续4个星期都位居榜首。

流行音乐排行榜

- 滚石乐队（The Rolling Stones）
  《我不能一无所有》
  [(I Can't Get No) Satisfaction]

- 谁人乐队（The Who）
  《我这一代》（My Generation）

- 鲍勃·迪伦
  《重访61号公路》
  （Highway 61 Revisited）

- 詹姆斯·布朗（James Brown）
  《老爸的新袋子》
  （Papa's Got A Brand New Bag）

- 爸爸妈妈乐队（The Mamas and the Papas）
  《加州梦》（California Dreaming）

热门电影和电视节目

- 《黄金三镖客》
  （The Good, the Bad and the Ugly）

- 《放大》（Blow-Up）

- 《安德烈·鲁布廖夫》
  （Andrei Rublev）

- 《星际迷航》（Star Trek）

- 《碟中谍》（Mission: Impossible）

Downey）。布雷迪和希德莉在1963年7月至1965年10月共实施了5起谋杀，受害者年龄从10岁到17岁不等。这几起"沼泽地谋杀案"成为20世纪60年代最有名的刑事案件，布雷迪和希德莉成为邪恶嘴脸的典型代表。

英国在非洲的最后一个殖民地罗得西亚（Rhodesia）于11月11日宣布独立。其总理伊恩·史密斯（Ian Smith）一直忠于白人的统治。这一状态一直持续到1980年才得以改变，与此同时，罗得西亚正式更名为津巴布韦（Zimbabwe）。

● 国际电信通信一号卫星
1965年4月6日

国际电信通信一号卫星（Intelsat I）是首颗被送入地球同步轨道的商业通信卫星，这意味着它可以保持在地球某一特定位置上方的固定位置。这颗昵称为"晨鸟"的卫星证明了卫星通信的可行性，它通过电视和电话将欧洲和美国连接在一起。甚至在完成使命之后，它仍然停留在轨道上。

● 《沙丘》
1965年8月1日

弗兰克·赫伯特（Frank Herbert）的史诗科幻小说《沙丘》（Dune）向读者介绍了阿拉基斯（Arrakis）的沙漠世界、阿拉基斯游牧民族渴望已久的弥赛亚保罗·阿崔迪（Paul Atreides）以及弗里曼人（Fremen）。《沙丘》从多个层次描述了社会和生态系统，无论是从写作手法还是视觉形式上看，都堪称许多未来科幻小说的模板。

● 阿斯特罗特夫尼龙草皮
1965年12月25日

自1962年以来，孟山都公司的子公司凯姆斯特兰一直致力于人造草皮的研究。1965年圣诞节那天，詹姆斯·法里亚（James Faria）和罗伯特·赖特（Robert Wright）申请了一个他们称之为"Chemgrass"的专利。在被安装在新的封闭式体育馆太空巨蛋体育馆后，"Chemgrass"便拥有了品牌名称"阿斯特罗特夫尼龙草皮"，采用这一名称是充分考虑到了它与休斯敦油人队根据地的联系。

马尔科姆·X 遇刺身亡

1965年2月21日

当著名的人权活动家马尔科姆·X 在纽约哈莱姆区奥杜邦舞厅（Audubon Ballroom）正准备向公众发表演讲时，他丝毫没有意识到自己的最后一次演讲早已画上了句号。伊斯兰民族运动组织的三名成员从观众席朝着这位39岁的男子连发数枚子弹，马尔科姆身中21枪，失去了生命。据悉，马尔科姆·X 曾是该伊斯兰民族运动组织的成员。

血腥星期天

1965年3月7日

民权活动家吉米·李·杰克逊（Jimmie Lee Jackson）遭遇枪杀一事引发了塞尔玛（Selma）游行，600名手无寸铁的平民进行了和平抗议，要求获得投票权。游行开始时很平静，但当队伍在通过埃德蒙·佩特斯大桥（Edmund Pettus Bridge）时，遭遇了州警的残酷殴打和催泪瓦斯的驱逐。在这一暴力事件的推动下，林登·约翰逊总统于3月15日向国会提交了一份投票权法案。

争取投票权的漫长游行

虽然《民权法案》将歧视界定为非法,但实际上在美国南方,许多黑人仍然没有享受到平等的权利。1964年,斗争的焦点转向了投票权。

▲ 1965年塞尔玛到蒙哥马利游行的参与者。

▲ 最后一天,游行者们沿着德克斯特大道(Dexter Avenue)前往州议会大厦。

▲ 从塞尔玛到蒙哥马利的游行结束时,站在州议会大厦前的民权游行者。

1964年7月2日,林登·约翰逊总统签署了《民权法案》,禁止基于肤色、种族、宗教或性别的歧视。尽管该法案在国会和参议院获得通过算是一项有史以来的重大成就,但南方各州的黑人所遭受的歧视仍然根深蒂固,尤其是在投票权方面。例如,阿拉巴马州(Alabama)立法机构要求登记投票的选民通过识字测试并缴纳人头税。这一做法本身就是对黑人的一种歧视。然而,更加令人反感的是,这类识字测试是由白人负责监管的,最终以他们的评判为准,而且他们的评判往往是专横独断的。他们想尽一切办法阻止黑人登记:限制登记中心的开放时间(通常每月只开放一到两天),恐吓并威胁黑人只要试图登记投票就会被解雇。根据一份相关报告,这一做法导致的最终结果是,在阿拉巴马州的达拉斯县,15000名符合条件的黑人选民中,只有130名登记投票。达拉斯县(县政府所在地是塞尔玛)拥有大量黑人公民,但由于很多人被剥夺了公民权利,那里的政治权利聚集在少数白人手中——他们一直想方设法维持这一局面。

塞尔玛和达拉斯县当地的民权活动人士曾多次试图登记选民投票,但都失败了,于是有8名活动人士邀请南方基督教领袖联合会(SCLC)来帮助当地黑人争取投票权。马丁·路德·金当时是南方基督教领袖联合会

▲ "我们与塞尔玛同进退！"纽约的抗议者们高举横幅来支持塞尔玛向蒙哥马利的游行者。

理事会的一员，他们接受邀请的原因之一是，警长吉姆·克拉克（Jim Clark）领导下的达拉斯县警力素以残暴著称。克拉克手下大约有200名警员，其中一些是三K党（Ku Klux Klan）成员，他们个个都配有电棍。金和南方基督教领袖联合会的成员们对新闻媒体界一条由来已久的规则早有了解：流血才会引来关注。他们之所以要获得全国关注是为了给林登·约翰逊总统施压，从而让他通过立法来对抗黑人选民在像塞尔玛这样的地方所面临的投票权歧视。然而，要引来全国关注，他们就需要找到足够残暴、足够愚蠢、敢在媒体镜头下袭击殴打非暴力抗议者的城市执法人员。在警长吉姆·克拉克那里，金和南方基督教领袖联合会的成员们发现了他们要找的人。

活动的第一阶段，金、南方基督教领袖联合会成员以及当地民权活动人士组织了大规模的选民登记活动，以此来强调对黑人选民施加的限制多么令人反感。由于无法压制这些人的暴力偏执行为，克拉克警长和他的手下做出了残暴的回应，到1965年1月，超过3000人被捕，其中就包括马丁·路德·金。尽管法院的最终判决站在民权抗议者这边，但是，在2月的时候，金仍然给《纽约时报》写信称："这里是阿拉巴马州塞尔玛市。和我一起被关在监狱里的黑人比成功登记投票的还要多。"

接着，1965年2月18日，警察驱散了附近佩里县（Perry County）的一场抗议游行。吉米·李·杰克逊参加了本次抗议活动，他是一名贫穷的农场工人，也是当地教堂的一名执事。杰克逊为了试图逃脱阿拉巴马州警察的追捕，躲进了一家咖啡厅，但警察跟了进来，然后向他开枪。之后他挣扎着逃了出来，但8天后因伤情严重去世了。

杰克逊的去世使黑人们本已高涨的情绪越发激动。为了防止和平抗议转化成暴力运动，南方基督教领袖联合会组织者詹姆斯·贝弗尔（James Bevel）提出从塞尔玛出发向着阿拉巴马州首府

▲ 游行者得到了各方宗教势力的大力支持。

▲ 示威者们手挽手站在阿拉巴马州塞尔玛市达拉斯县政府大楼前。警长吉姆·克拉克将他们全部逮捕。

▲ 在第三次游行的最后一天，孩子们带领游行队伍进入蒙哥马利，走向州议会大厦。

蒙哥马利（Montgomery）进行全长约80千米的大游行，以此来向州长表达他们的不满。马丁·路德·金当时在亚特兰大（Atlanta），所以本次游行由何西·威廉姆斯（Hosea Williams）牧师和学生民权活动家约翰·刘易斯（John Lewis）领导。

3月7日（星期日），大约600名游行者从塞尔玛出发，到达阿拉巴马河上的埃德蒙·佩特斯大桥。这座桥中间隆起一部分，所以直到游行者们登上桥顶时，才意识到当地警察和州警正在桥的另一边等着他们。阿拉巴马州州长乔治·华莱士（George Wallace）早前就已下令使用一切必要的手段阻止游行队伍到达蒙哥马利。警长吉姆·克拉克当然一点也不含糊。克拉克带着他手下的骑警们冲进游行队伍，用棍棒殴打他们，其余的警察发射了催泪瓦斯。甚至在抗议者试图撤退时，骑警仍然挥舞着棍棒紧追不舍。

那天晚上，美国广播公司（ABC）停播了电视节目，向观众播放美国执法人员对非暴力抗议者实施暴行的影片。第二天，全国媒体都刊登了警察殴打妇女及男子的照片。警长吉姆·克拉克愚蠢至极，无法为自己或手下正名，落入了为他设下的"圈套"。

作为对暴力事件的回应，马丁·路德·金呼吁当地宗教领袖和他一起参加从塞尔玛到蒙哥马利的第二次游行，游行定在两天后的3月9日（星期二）举行。但当法官弗兰克·约翰逊对游行发出临时限制令时，金和其他抗议领袖陷入了两难境地。约翰逊法官曾做出过许多有利于黑人民权的裁决，人们认为他终将会取消这项命令。最后，金带领2000多名游行者来到埃德蒙·佩特斯大桥，他们在阿拉巴马州警的注视下跪地祈祷，然后又转身返回了塞尔玛。因此，这一天被称为"转身星期二"。

▲ 民权游行队伍穿过阿拉巴马州塞尔玛市的埃德蒙·佩特斯大桥。

但那天晚上，非暴力抗议者再次遭遇暴力袭击。参加游行的一神普救派白人牧师詹姆斯·里布（James Reeb）遭受到了种族隔离主义者的残暴殴打袭击。两天后他因伤情严重去世。

3月15日，林登·约翰逊总统在国会参众两院联席会议上通过电视向全国民众发表讲话，他说："他们的事业也必定是我们的事业。因为不光是黑人，实际上我们所有人，都必须战胜偏执和不公的遗毒。我们必将战胜。"两天后，约翰逊总统向国会提交了保障黑人投票权的新法案。与此同时，约翰逊法官取消了对游行者的限制令，同时指示当地执法部门不要再袭击游行者。

3月21日，前往蒙哥马利的第三次游行在联邦调查局特工的保护下从塞尔玛出发。游行队伍中有来自佐治亚州（Georgia）的盲人乔·杨（Joe Young）和来自密歇根州（Michigan）拄着拐杖游行的吉姆·莱斯勒（Jim Letherer）。游行者们花了4天时间一路走到州首府蒙哥马利，尽管这期间天气恶劣，但当他们到达蒙哥马利时，游行队伍人数已经增加到了25000人。在游行途中的最后一晚，游行者在蒙哥马利郊区的天主教堂圣茱德教堂扎营时，哈里·贝拉方特（Harry Belafonte）和尼娜·西蒙（Nina Simone）等艺人为情绪高涨的人群表演助兴。他们知道，第二天他们将创造历史。

3月25日，马丁·路德·金带领游行队伍来到蒙哥马利。之前有消息称狙击手正等着射杀马丁·路德·金，为此，他们安排了15名看起来像马丁·路德·金的黑人牧师和他并肩走在游行队伍的前面。然而，当游行者来到州议会大厦时，华莱士州长却拒绝接见他们。于是，金向游行者发表了讲话，并通过电视向全国直播。

"我们的目标，绝不是击败或羞辱白人，正相反，我们要赢得他们的友谊和理解。我们一定要清楚：我们追寻的目标是建立一个和平的社会，一个基于良知生活的社会。那样的日子不单属于白人，也不单属于黑人，而是属于我们整个人类。"

在那之后不到6个月，1965年8月6日，约翰逊总统在马丁·路德·金和其他民权领袖的见证下签署了《投票权法案》。

关键时刻

自由日 1963年10月7日

大约400名黑人来到达拉斯县政府大楼排队等候登记投票。安妮·李·库珀（Annie Lee Cooper）就是其中之一。负责登记的工作人员办事效率极其低下，午休时间也很长。"自由日"标志着达拉斯县甚至是阿拉巴马州投票权斗争的开始。

马丁·路德·金被捕

马丁·路德·金因领导抗议被捕，被关进了塞尔玛监狱。

1965年2月1日

取得政治性进展

林登·约翰逊总统表示，他将敦促国会审议将投票权立法。

1965年2月6日

时间线

1963 1965

- **运动的发起**
  马丁·路德·金发起了本次运动。约700名黑人不顾法院禁止集会的禁令，来到布朗教堂（Brown Chapel）参加集会。
  1965年1月2日

- **登记投票的首尝试**
  金带领300名游行者前往县政府大楼，试图登记投票。然而，没有人登记成功。
  1965年1月18日

- **登记投票的进一步尝试**
  当游行者们再来登记时，克拉克警长逮捕了他们。
  1965年1月19日

- **有力回击**
  安妮·李·库珀等着登记时，克拉克警长用警棍戳她，她便狠狠地回击了他。于是安妮被逮捕了。
  1965年1月25日

- **吉米在咖啡馆中枪**
  吉米·李·杰克逊为了避开州警追捕躲进一家咖啡馆，结果腹部中枪，8天后去世。
  1965年2月18日

忍无可忍的安妮·李·库珀

民权运动以基督教为基础,要求其活动分子实行非暴力,正如耶稣对他的门徒所说的那样,要宽容大度,该运动的追随者们以惊人的自律和勇气极力坚守着这一信条。然而,在各种挑衅的刺激下,人的脾气终究还是会爆发的,但是安妮·李·库珀(Annie Lee Cooper)的脾气爆发得比任何人都要出名。安妮是土生土长的塞尔玛人,年轻的时候搬到了肯塔基州(Kentucky),1962年又回到塞尔玛照顾母亲。库珀住在肯塔基州和俄亥俄州的时候就已经登记过了,她决定在阿拉巴马州也行使投票权,但首先她必须再次进行登记。她尝试了好多次,但都没有成功。"有一次,"她说,"我从早上7点排队到下午4点,但还是没有登记上。"1963年10月7日,民权活动家组织了一次"自由日"投票登记活动,400名(这是那里允许的人数上限)黑人在达拉斯县政府大楼外等候登记,安妮·李·库珀就在其中。她没能登记成功,反而被雇主解雇了。1965年1月25日,安妮·李·库珀又进行了一次尝试,她加入达拉斯县政府大楼外登记投票的黑人队伍中并等待着。但这一次,警长吉姆·克拉克带着他的手下出现了。克拉克命令库珀离开,并用警棍捅了捅她的脖子,最终,安妮·李·库珀放弃了非暴力原则,抡起右拳,转身朝着克拉克的下巴给了一拳,将他打倒在地。克拉克的手下随后介入,把库珀推倒并将其控制住,而愤怒的吉姆·克拉克则用警棍重重地殴打她。安妮·李·库珀被逮捕关押了11个小时。入狱期间,她一直唱着圣歌。

▲ 在电影《塞尔玛》中,库珀这一角色由奥普拉·温弗瑞(Oprah Winfrey)饰演。

关键时刻
血腥星期日 1965年3月7日
600名游行者穿过阿拉巴马河上的埃德蒙·佩特斯桥,他们预先并不知道桥的另一头等待着他们的会是什么,直到与吉姆·克拉克警长和他手下打了个照面,对方都骑着马,已经做好了战斗准备。这些警察和骑兵对游行者进行暴力袭击,16人被送往医院,50多人受伤。电视和报纸纷纷通过照片报道此事。

关键时刻
去往蒙哥马利的游行
1965年3月25日
从塞尔玛到蒙哥马利的第三次游行终于顺利到达了预定的目的地,其间没有人员伤亡,也没有发生暴力事件。在州议会大厦外,马丁·路德·金博士反问道,黑人还要等多久才能拥有投票权。同时他也给出了答案:"用不了多久,因为虽然道德底线的弧很长,但它正在向正义弯曲。"

- **法院的禁令**
在血腥星期日的第二天,法官弗兰克·约翰逊出于对游行者安全的考虑,下令暂时禁止进一步游行。
1965年3月8日

- **转身星期二**
马丁·路德·金将游行者带到埃德蒙·佩特斯桥进行祈祷,随后又将他们带回塞尔玛。
1965年3月9日

- **詹姆斯牧师去世**
詹姆斯·里布和其他三名牧师遭到三K党袭击。两天后,里布因伤势过重去世。享年38岁。
1965年3月11日

- **第三次游行**
游行者第三次从塞尔玛出发,前往州首府蒙哥马利。
1965年3月21日

- **维奥拉夜里被杀**
维奥拉·利佐是位一神普救派白人牧师,也是五个孩子的母亲,曾来蒙哥马利帮助筹备游行事宜。当晚,她在自己的车里被三K党枪杀。
1965年3月25日

美军在越南登陆

1965年3月8日

1965年3月8日，3500名美国海军陆战队员在越南中部的中国海滩（China Beach）登陆，这是抵达越南的第一支美国军队，此前已有2.3万名军事顾问驻扎在越南，两方顺利会合。负责保卫附近一个空军基地的士兵们在"滚雷行动"（Operation Rolling Thunder）开始两天后抵达。"滚雷行动"是一场无情的轰炸行动，导致数万名越南平民死亡。

别具一格的迷你裙

1965年10月30日

1965年10月，模特简·诗琳普顿（Jean Shrimpton）在墨尔本杯嘉年华（Melbourne Cup Carnival）现场穿了一条迷你裙，她可能并没有意识到，她实际上正在为发起一场女装革命提供助力。迷你裙是伦敦设计师玛莉官的发明，她用自己最喜欢的汽车品牌来命名自己的作品。迷你裙如暴风雨般在整个时尚界掀起了热潮，帮助世界各地的女性摆脱了老式的穿衣风格。

沼泽地搜寻

1965年10月

在逮捕了史上最遭人唾弃的两名儿童杀手伊恩·布雷迪和迈拉·希德莉之后，150名警察被派往沙德伍兹沼泽（Saddleworth Moor），寻找被杀害的五名儿童。10月16日，警方发现了10岁的莱斯利·安·唐尼的尸体。5天后，又发现了12岁的约翰·基尔布赖德（John Kilbride）腐烂的遗骸。

1966

这一年发生了更多的事情：英国实现了不可能实现的目标，震惊了整个国家。

在20世纪60年代发生的所有不同寻常甚至匪夷所思的事件中，有什么能比得上英格兰队赢得世界杯呢？英国人发明了足球，并把它传播到世界各地，然后眼睁睁地看着那些自命不凡的外国人变成了足球运动方面的专家，这其中就包括飞驰迅猛的匈牙利人和桀骜不驯的巴西人。1966年，世界杯来到英格兰，经过20天的比拼，英格兰进入了决赛。决赛中，英格兰以2-1领先，但在比赛进入最后一分钟时，联邦德国扳平了比分，因此需要进行加时赛。中场休息时，尽管球员们疲惫不堪，但英格兰队主教练阿尔夫·拉姆齐（Alf Ramsey）没有让他们躺下休息，而是将他们召集起来加油打气，他说："你们已经赢过一次了。现在你们必须打起精神，再赢一次！"最终，他们真的成功了，杰夫·赫斯特（Geoff Hurst）在加时赛中梅开二度，他的最后一记击中球门横梁弹地的进球一度引发了巨大的争议，成为英国体育史上最令人难忘的一幕。杰夫·赫斯特是唯一一位在男足世界杯决赛中上演帽子戏法的球员，这一次也是英格兰唯一一次取得世界杯冠军。

1966年10月21日，在威尔士发生了一件有史以来最具创伤性的事件。当时，梅瑟谷

> 1月，英迪拉·甘地（Indira Gandhi）出任印度总理，成为现代史上第二位执掌政权的女性。

关键时刻

光纤
1966年1月

华裔工程师高锟（Charles Kao）在埃塞克斯郡（Essex）标准电信实验室（Standard Telecommunications Laboratories）工作期间，构想了生产现代光纤技术的概念框架，被誉为"光纤通信之父"。倘若没有他的成果，互联网就不会将整个世界连接起来。为了表彰其关键作用，高锟于2009年被授予诺贝尔物理学奖。

航天器登陆月球
1966年2月3日

苏联无人宇宙飞船"月球9号"（Luna 9）成为第一个在月球上实现软着陆的航天器。它在风暴洋（Oceanus Procellarum）附近着陆，并从月球表面传回了照片和电视画面。风暴洋是所谓的月海之一。"月球9号"的安全着陆证明了航天器不会沉入月球尘埃，这一直是许多科学家真正关心的问题。

《迷魂谷》
1966年2月10日

杰奎琳·苏珊（Jacqueline Susann）的小说成为首部在出版界轰动一时的现代畅销书。该小说的累计销售量逾3100万册，在《纽约时报》畅销书排行榜上连续65周名列榜首，推动了现代"事件"小说的发展。面对这样的销量，也难怪苏珊会说："我不认为每一位小说家都应该关心文学。"

▲1966年9月8日，船长詹姆斯·泰比里厄斯·柯克（James Tiberius Kirk）和船员们准备启程"大胆地前往无人去过的地方"。

流行音乐排行榜

- 海滩男孩乐队
  《美妙共振》（Good Vibrations）
- 海滩男孩乐队
  《宠物之声》（Pet Sounds）
- 鲍勃·迪伦
  《美女如云》（Blonde on Blonde）
- 甲壳虫乐队
  《左轮手枪》（Revolver）
- 门基乐队（The Monkees）
  《去往克拉克斯维尔的末班车》
  （Last Train To Clarksville）

热门电影和电视节目

- 《黄金三镖客》
  （The Good, the Bad and the Ugly）
- 《放大》
  （Blow-Up）
- 《安德烈·鲁布廖夫》
  （Andrei Rublev）
- 《星际迷航》
  （Star Trek）
- 《碟中谍》
  （Mission: Impossible）

（Merthyr Vale）煤矿的一大堆废渣坍塌，致使一大波泥浆涌入艾伯凡村（Aberfan），掩埋了学校。116名儿童和28名成年人在这场灾难中丧生。学校工作人员拼尽全力挽救孩子们：食堂女服务员南茜·威廉姆斯（Nansi Williams）用身体护住五个孩子，救了他们；副校长戴·贝尼昂（Dai Benyon）试图用黑板来保护孩子们。

《献给阿尔杰农的花》
1966年3月

《献给阿尔杰农的花》（Flowers For Algernon）讲述了智力低下的查理·高登（Charlie Gordon）的故事，他与实验鼠阿尔杰农（Algernon）接受了同样的智力提升手术。他变成了一个天才，而阿尔杰农却变得反复无常直到死去。在那之后，查理意识到这种变化逐渐发生了逆转。这个故事是以查理本人自述的口吻写的，结尾写道，查理只记得自己曾经很聪明。

"挽救《星际迷航》"
1966年9月8日

《星际迷航》（Star Trek）连续制作了三季却并未达到很高的收视率，但它成功吸引了一群热情的粉丝，他们强烈推崇这个电视剧，并给全国广播公司（NBC）写了11.6万封信来阻止该剧的取消。粉丝们让这个电视剧在重播过程中保持活力，最终，它变得比最初播出时更受欢迎，由此引发了星际影视系列的诞生。

《沉默》
1966年

远藤周作（Shusaku Endo）的小说《沉默》（Silence）是20世纪最具影响力的小说之一，探讨了信仰、苦难和沉默的上帝。远藤周作是一名天主教徒，他在日本遭受了宗教歧视，在法国遭受了种族歧视。在本书中，远藤周作讲述了16世纪的一名耶稣会传教士在日本被折磨而放弃信仰的故事，通过这个故事揭示了日本乃至全世界所遭受的苦难。

崔姬被称为 "1966年的面孔"

1966年

莱斯利·霍恩比（Lesley Hornby）[更以别名"崔姬"（Twiggy）著称]光辉的模特生涯始于1966年。当时有一名时尚记者在梅费尔区（Mayfair）的一家发廊里发现了这位16岁金发女孩的照片。在1966年发表的一篇文章中，崔姬被称为"1966年的面孔"，她后来成为了一名世界闻名的模特，登上了最受推崇的时尚杂志封面，并在各大著名的T形台上走秀。

英迪拉·甘地当选

1966年1月19日

1966年1月，英迪拉·甘地追随她父亲的传奇脚步，成为印度首位女总理，也是印度自1947独立以来第三位民主选举的领导人。作为一个有争议的人物，甘地从一上台就面临着强烈的反对呼声。然而，这并没有妨碍她把印度打造成一个强大的军事强国。

ПАНОРАМА

ННАЯ ПАНОРАМА

"月球9号"着陆

1966年2月3日

在与美国对战的太空竞赛中，苏联取得了一次关键性胜利，将"月球9号"送入太空，使其成为第一个在月球表面实现软着陆的航天器，并成功地将月球数据传回了地球。"月球9号"是更远大的"登月计划"（1959年—1976年）的一部分，重达99千克，向地球发送了大量照片，并测试了月球表面的辐射强度。

英格兰队赢得世界杯

1966年7月30日

这一天可以说是英国体育史上最伟大的一天,在温布利球场(Wembley Stadium)上演的那场激动人心的决赛中,英格兰队击败了联邦德国队。多达3230万名观众在电视机前观看本场比赛(英国历史上收看人数最多的比赛)。英格兰队开始时一度落后于联邦德国队,随后以2-1领先,最后联邦德国球员沃尔夫冈·韦伯(Wolfgang Weber)在第89分钟时扳平了比分。在加时赛中,杰夫·赫斯特梅开二度,上演帽子戏法(在男足世界杯决赛中唯一一次),最终英格兰队以4-2获胜。

1966年的世界杯传奇

让我们来重温一下那场加时赛，正如当时在场的人所说，英格兰取得的标志性胜利让足球重返故乡。

没过几个小时，《伦敦标准晚报》（London Evening Standard）就席卷了整个大街小巷。头版标题是"世界冠军"。正文以"美梦终于成真。英格兰队赢得了世界杯"开头。第二天，《星期日报》（Sunday）也报道了这一消息，毫无例外地在头版大肆渲染："黄金男孩！"《星期日镜报》（Sunday Mirror）也宣布，"英国外汇储备昨日增加了一个有价值的金杯"，这一消息令全球银行家欢欣鼓舞。毫无疑问，这将是在未来几十年里都值得品味的一天。

1966年7月30日，96924人挤进温布利球场，3230万名英国观众坐在电视机前，观看世界杯决赛中英格兰对阵联邦德国的比赛。今天，我们可以像老朋友一样把那天参加比赛的英格兰球员的名字一一念出来。尽管阿尔夫·拉姆齐在1962年被任命为英格兰队主教练时曾宣称，"我们将赢得世界杯冠军"，但当时并没有多少球迷相信他们确实能做到这一点。

"我觉得现在英格兰队的球迷们对球员们能赢得比赛并没抱什么希望，在当时（1966年）也是如此。"曾经在决赛现场的西汉姆球迷约翰·詹姆斯说。然而拉姆齐始终坚持着他

▲ 博比·穆尔举起"雷米特杯(Jules Rimet trophy)",这是英国体育史上最值得铭记的画面之一。

的承诺。1963年5月1日，他正式接手英格兰球队，并迅速开始按照自己的方式行事。对他而言，前任主教练沃尔特·温特伯顿（Walter Winterbottom）选出来的球队难以掌控并非问题所在。拉姆齐勇于践行自己的想法，无论是任命年仅22岁的博比·穆尔（Bobby Moore）为英格兰队队长，还是在众多质疑声中采取不打边锋战略，他都坚持自己的每一个决定。

英格兰作为东道主同卫冕冠军巴西队自动获得1966年国际足联世界杯（FIFA World Cup）的参赛资格。其余14个名额被阿根廷、保加利亚、智利、法国、匈牙利、意大利、朝鲜、墨西哥、葡萄牙、西班牙、瑞士、乌拉圭、苏联和联邦德国占据。英格兰队的所有比赛都是在温布利球场进行的，虽然他们开局缓慢，在与乌拉圭的对决中以0-0打成平局，但随后他们取得了一系列令人震惊的胜利，直接进入了决赛。

在决赛的前一天晚上，拉姆齐感到些许的不安，他觉得在这个时候他的队员们很可能都不知所措，于是，他试图帮助球员们放松。他们没有声张，一起去当地的一家电影院看了《飞行器里的好小伙》（Those Magnificent Men in Their Flying Machines）。边锋特里·佩因（Terry Paine）回忆道："阿尔夫喜欢看电影，所以我们就一起溜达到了电影院。"佩因当时刚刚随南安普敦（Southampton）球队升入英超甲级联赛，并且曾在第二场比赛中与墨西哥对阵。他补充道："你知道吗？没有人拍照，也没有人要签名。今天你还能想象到那样的场景吗？你与任何人都得保持100米以上的距离，但这是当时足球的一个显著特点。"

这已经不是拉姆齐第一次试图帮助球队队员缓解焦虑了。可以说这已经成了他的专长。在小组赛打成平局之后，他曾带领队员们去了松林制片厂（Pinewood Studios）。"我们和肖恩·康纳利（Sean Connery）等明星打成一片，然后又参加了詹姆斯·邦德（James Bond）电影的拍摄。"佩因说，"这种经历很特别，使我们战胜了内心的失落。"

> 我走到更衣室门口时，看到博比手里拿着闪闪发光的雷米特杯。
> ——体育历史学家诺曼·吉勒（Norman Giller）

◀ 这是1966年世界杯决赛中使用的足球，最初归联邦德国队的赫尔穆特·哈勒所有。

拉姆齐第一次受邀出任伊普斯威奇足球俱乐部（Ipswich Town）主教练时把这支球队变成了联赛冠军。他对国家队也采取了类似的管理原则。在他的带领下，英格兰球队变得紧密团结、相处和睦，这促使他们在球场上能更好地发挥。

在对阵联邦德国的决赛前夕，人们谈论最多的话题是前锋吉米·格里夫斯（Jimmy Greaves），谈论他是否会代替赫斯特上场。在大部分比赛中，都是格里夫斯和罗杰·亨特（Roger Hunt）搭档打前锋，但格里夫斯在比赛中不幸受伤，于是替补队员赫斯特便在四分之一决赛中获得了上场机会。赫斯特进了那场比赛的唯一一球，并在半决赛中为博比·查尔顿（Bobby Charlton）提供了助攻。拉姆齐不愿对这支获胜的球队做出任何调整，于是他决定放弃格里夫斯来成就他人生中最重要的一场比赛。

"作为一名西汉姆的球迷，我很高兴赫斯特能继续参加决赛，"詹姆斯说，"比赛现场的气氛也开始变好了。在前几轮比赛中，观众一直很安静。决赛时的气氛棒极了。体育场里有很多德国人——多得让我们震惊——但我们的人数还是远远超过了他们。这是值得注意的一点。"

当时，粉丝们并没有穿统一印制的队服，因为实在抽不出空去购买。他们手中挥舞的不是圣乔治（St George）旗帜，而是英国国旗。除此之外，球迷们还自豪地把英格兰玫瑰花饰别在衣服上，手里摇着加油棒，发出巨大的声响。"对于那些又吹喇叭又打鼓的人而言，今天是非同寻常的一天。"阿森纳足球俱乐部的球迷罗伊·奥尼尔说。他回忆称，当时，他在伦敦巴比肯艺术中心的一家代理机构以面值五倍的价格购得一张球赛门票，坐在体育场靠中间的位置，周围是一群意大利队的球迷。"我记得就是在那场决赛中，我第一次听到那个至今仍然流行的拍手节奏，就

传奇教练：
阿尔夫·拉姆齐爵士

阿尔夫·拉姆齐在速度和身高方面并不占优势，但他善于用技巧来弥补这一点，以确保自己在合适的时间出现在合适的位置上。1946年10月26日，他在南安普敦对阵普利茅斯·阿尔盖（Plymouth Argyle）的乙级联赛中首次亮相，他的现场表现充分证明了他是一名杰出的右后卫队员。但在代表南安普敦足球俱乐部出场96次、攻入8球后，他便离开这支球队，加入了托特纳姆热刺（Tottenham Hotspur）足球俱乐部，并在1951年赢得了第一个联赛冠军。

在球员生涯结束后，拉姆齐于1955年出任伊普斯维奇队主教练，带领该球队赢得丙级联赛的冠军并升入甲级。1961年至1962年，他们又夺得了甲级联赛的桂冠，这一令人难以置信的成功使他获得了执掌英格兰队的机会。1966年赢得世界杯后，他带领英格兰队在1968年欧洲锦标赛（UEFA European Championship）中夺得季军，但英格兰队在1970年世界杯及1972欧锦赛的四分之一决赛中均被打败，止步八强，再加上未能晋级1974年世界杯，英格兰足球总会（FA）对拉姆齐很失望，最终解雇了他。

▲ 拉姆齐在2002年作为教练入选英格兰足球名人堂（English Football Hall of Fame），又在2010年作为球员入选。

是以人群大声呼喊"英格兰"结尾的那个。这在当时是非常特别的。"

比赛在下午3点开始。英格兰对阵联邦德国。博比·穆尔在掷硬币中胜出，因此由他来开球。观众们热情高涨，但在比赛的第12分钟，赫尔穆特·哈勒（Helmut Haller）打破了场上的气氛。来自西格弗里德·黑尔德（Sigfried Held）的传中从雷·威尔逊（Ray Wilson）的头上打到了他的脚边，使得联邦德国队向戈登·班克斯（Gordon Banks）的右路低传一球：联邦德国1-0领先。但仅仅6分钟后，穆尔就将一记任意球越过对方防线，射入赫斯特的地盘。赫斯特头球一掠，扳平了比分。

英格兰队在场上的表现非常棒。利物浦大学专业足球产业方向的主任罗根·泰勒博士（Dr Rogan Taylor）兴奋地说道："作为利物浦的球迷，我对前锋罗杰·亨特印象很深刻，因为他在安菲尔德球场（Anfield）时就一直很出名。"亨特朝着对方守门员汉斯·蒂尔科夫斯基（Hans Tilkowski）直接射了一球，但没能成功进球。"队员们都各尽其责，没有人让球迷们失望。"奥尼尔说。

但是随着时间的流逝，人群开始安静下来。"这个时候，球迷们并没有很努力地为球队鼓舞士气，这一点我记得非常清楚，"曼彻斯特联（Manchester United）的球迷约翰·托伊（John Toye）说，"但当马丁·彼得斯（Martin Peters）进球帮助英格兰队再次领先时，人群再次开始欢呼起来。"比赛进行到第78分钟时，赫斯特试图射门，但被霍斯特-迪特·霍特格斯（Horst-Dieter Höttges）挡了出来，彼得斯及时进行了近距离补射。

离比赛结束还有5分钟时，那天没有上场的球员们在拉姆齐的号召下聚集在了边线周围，他

非洲退出1966年世界杯

不幸的是，1966年的世界杯没有来自非洲的代表队参赛。非洲大陆的每支球队都决定退出预选赛，以此来抗议非洲区获胜的球队必须与大洋洲或亚洲的对手争夺决赛席位的不公平待遇。

当时的非洲方表示，非洲应该直接获得决赛资格。非洲的这一抵制行为最终导致大赛组委会决定对1970年世界杯的相关规则做出调整。非洲直接退出了1966年世界杯。于是，朝鲜成了亚、非、大洋洲的代表，在1966年首次参加世界杯，然而，这也引发了一系列问题：朝鲜晋级决赛没有得到英国的承认，因此英国拒绝朝鲜队入境。

们满心期待着一场胜利的到来。拉姆齐告诉大家，所有人都是球队的一员，所以他们必须全力支持场上的球员。他们紧张地等待着裁判的哨声，然而戏剧性的一幕上演了。

比赛的第89分钟，就在查尔顿的一记近距离射门让英格兰球迷唏嘘不已的几分钟后，沃尔夫冈·韦伯（Wolfgang Weber）将球射向英格兰队的球门。球越过了终点线，围观的人群顿时鸦雀无声。詹姆斯说："这是一个多么令人揪心的时刻。"比分成了2-2，这只意味着一件事：需要再进行30分钟痛苦的加时赛。"我们觉得这支球队根本不可能在加时赛中获胜。球员们都很沮丧，但这时，阿尔夫走了出来，他挥手示意将队员召集起来，并对他们说了一些话。"不管他当时说了什么，似乎确实奏效了。

没上场的队员在下半场比赛中也都站在原地，佩因此刻的心情与詹姆斯恰恰相反，他信心十足。"我一直坚信戈登·班克斯是世界上最伟大的守门员，他是超级巨星，"佩因说，"博

▲ 乔治·科恩（George Cohen）和杰克·查尔顿（Jack Charlton）在1966年世界杯决赛中对垒。

比·穆尔是迄今为止最出色的后卫之一——他速度不快，但是他的球场思维绝对首屈一指。雷·威尔逊的速度之快可以和巴西球员加林查（Garrincha）相媲美，诺比·斯蒂尔斯（Nobby Stiles）是个球场老手，表现很棒。马丁·彼得斯是个机灵的家伙，能够从左手边进球。博比·查尔顿是一员大将，他就能充当自己的代言人。还有年轻的阿兰·鲍尔（Alan Ball），他是世界上数一数二的招牌球员。此外，我们还有杰夫·赫斯特和勤奋的罗杰·亨特。"

联邦德国队试图重振旗鼓，而英格兰队则士气高涨。现场的一些球迷直接跑到了球场上，而在家看电视直播的观众们则听到BBC评论员肯尼斯·沃斯滕霍姆说出了这句著名的话："一些人在球场上！他们认为一切都结束了！"赫斯特将球射入网中，人群顿时沸腾起来。"就是现在！"

英格兰队赢得了世界杯。

全英国上下的人们都欢呼雀跃。"我当时只有10岁，妈妈出去买东西了，我就坐在我们家前屋的那台破旧的黑白电视机前看比赛。"曼联球迷约翰·霍恩（John Horne）说，"比赛结束后，我走到屋外，在接下来的三个小时里，我一次又一次地对着我家的煤棚壁踢球，试图模仿杰夫·赫斯特的制胜射门。"这个结果对很多人来说意义重大，人们对足球的热情也急剧高涨。

在赫斯特庆祝帽子戏法时，哈勒在他眼皮子底下把这场比赛用的足球拿走了，此时，更衣室里的庆祝活动还在持续着。"我走到英格兰队的更衣室门口时，博比也刚到，手里拿着闪闪发光的雷米特杯。"体育历史学家兼《每日快报》（Daily Express）前首席足球记者诺曼·吉勒说。他后来写了一本书，名为《1966年7月

> 博比·穆尔是迄今为止最出色的后卫之一——他速度不快，但是他的球场思维绝对首屈一指。
>
> ——特里·佩因，1966年世界杯冠军球队成员

30日：足球史上最长的一天》（July 30 1966: Football's Longest Day），里面记录了那一整天的详细情况。他说：“从球场上下来的所有英格兰球员都累得筋疲力尽，只有博比看上去很精神，脸上一滴汗也没有。”

吉勒走上前给了队长博比一个拥抱，向他们所取得的胜利表示祝贺，但这时阿尔夫·拉姆齐出现了，显然赫斯特的进球引来的争议让他感到很烦恼，吉勒知道是时候离开了。然而，拉姆齐很快就振作起了精神，但球员们仍然不敢相信这一切是真的。"有人愿意掐我一下吗？"乔治·科恩说，"我是在做梦吗？"他确实不是在做梦，这一切都是真的。接着，球员们去了肯辛顿（Kensington）皇家花园酒店，而球迷们的庆祝活动仍在继续。当他们得知球员们在那个豪华的五星级酒店时，便聚集在酒店外面，看到他们的新晋英雄在酒店阳台上露面时不禁欢呼雀跃起来。

这种盛况持续了几个星期。《博尔顿晚间新闻》（Bolton Evening News）的记者弗兰克·伍德（Frank Wood）回忆说，球迷们想向英格兰最新的足球传奇致敬。"有一个曾经走过两次

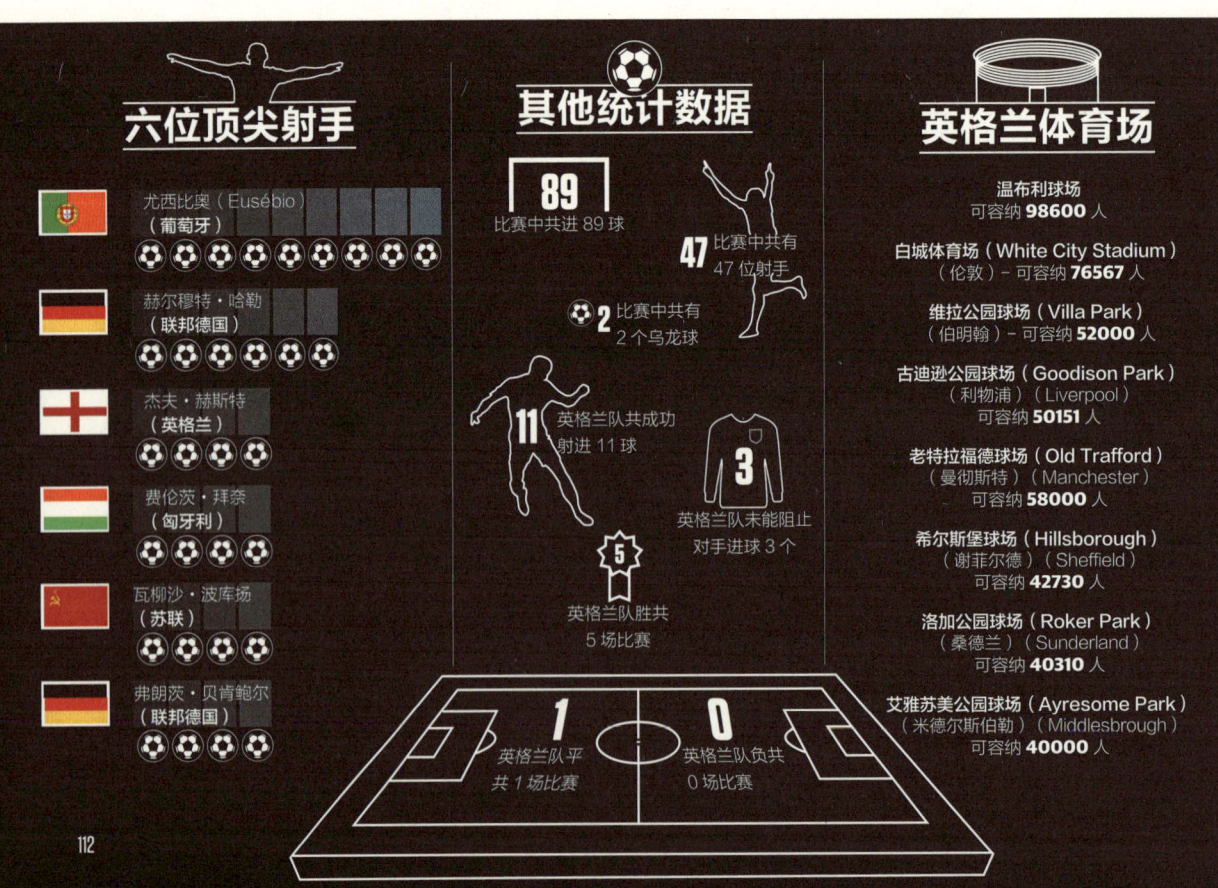

▲ 比赛结束后，伊丽莎白女王笑容满面地将世界杯奖杯递到了穆尔手中。

奔宁之路（Pennine Way）的人提议，将这条250英里长路线上的所有的台阶都进行命名，以此来纪念英格兰球队的辉煌时刻。"然而，这个提议最终也没能实现。但没关系，球员们已经在历史上赢得了一席之地，他们是英格兰有史以来最成功的球队。"要赢得世界杯，至少需要5名世界级球员。"佩因说，"而在我们当中可能不止5名。"

"世界杯"丢失

尽管英格兰队在1966年赢得了世界杯，但实际上他们差点丢了"世界杯"——当然，这里的"世界杯"指的就是字面上所说的奖杯。1966年3月20日下午，展示在威斯敏斯特（Westminster）卫理公会中央礼堂（Methodist Central Hall）的雷米特杯不翼而飞。这让英格兰足球总会颇为尴尬，于是在全国范围内展开了一场搜寻行动，但也正是这场事故创造了英国体育界的又一个传奇：皮克尔斯（Pickles），一只黑白色的柯利牧羊犬，7天后在伦敦的一棵树下，用鼻子嗅出了用报纸裹着的雷米特杯。"此事带有一丝神秘的色彩，因此当时几乎所有的新闻媒体都报道了此事。"编剧迈克尔·查普林（Michael Chaplin）回忆道，"这就像是一部经典的伊灵区（Ealing）喜剧——这是一件多么荒唐的事情，奖杯被偷走了，但没有人知道是谁干的。我觉得这个故事很吸引人，英国人上演的这出滑稽大戏很适合拍一部娱乐电影。"2006年，查普林根据这个故事改编了一部电影，名字叫作《皮尔克斯：世界杯的赢家》（Pickles: the Dog who Won the World Cup）。

未越过球门线的进球？

50多年来，英格兰队在决赛中的第三个进球一直备受争议，人们怀疑球在击中横梁并反弹后是否越过了球门线。总裁判员和边线裁判员进行协商后判定该进球有效，而德国人一直认定该进球应该被判定出局。

2010年，射出这球的杰夫·赫斯特爵士似乎也跟德国人持有同样的看法。他在为英格兰足球协会联赛（Football Conference）寻求赞助的一场新闻发布会上表示："我不得不承认，当时足球并没有越过球门线。"但后来发现这只是他在愚人节开的一个玩笑，大家这才松了口气。万幸的是，早些时候，天空体育台（Sky Sports）就用艺电体育性能（EA Sports Performance）系统向大众彻底证明了当时的球确实越过了球门线。或许这也不属实。德国《体育图片报》（BILD Sports）继续对这一说法提出质疑，并且用相关测试证明事实正好相反。也许，对这个进球的评判本身也进入了"加时赛"。

1 诺比·斯蒂尔斯把球踢到中心，并向右边锋传球。

嬉皮士（Hippies）、音乐剧《毛发》和爱之夏（Summer of Love）与中东战争、心脏手术的开创性进展以及美国持续的种族不平等形成了鲜明对比。

爱之夏是20世纪60年代嬉皮士运动的典范。这次社会运动的中心是旧金山的海特－阿什伯里区，嬉皮士在那里举办了各种活动、音乐会以及"艺术表演"。爱之夏实际上是从冬天开始的。1967年1月14日，在旧金山的金门公园，举行了一次名为"人类大聚会"的行为艺术表演，杰斐逊飞机乐队、感恩而死乐队、艾伦·金斯伯格等诗人以及嬉皮士迷幻药研制专家蒂莫西·利里一起进行"表演"。在这次活动中，蒂莫西·利里第一次提出了嬉皮士的口号——"激发热情、内向探索、脱离体制"。这次反主流文化活动得到了嬉皮士的积极响应。所谓反主流文化就是反对美国主流文化中所倡导的物质主义和消费主义。接下来的几个月里，尤其是在斯科特·麦肯齐（Scott McKenzie）的歌曲《旧金山》大获成功后，嬉皮士们便汇聚在旧金山。蒙特雷流行音乐节（6月16日至18日）吸引了成千上万的观众，包括亨德里克斯、谁人乐队和詹尼斯·乔普林在内的艺术家们把他们演出的收入全部捐给了慈善机构。

但是在中东却根本没有什么爱可言。6月5日至10日，以色列同埃及、约旦和叙利亚进行

> 阿根廷革命家切·格瓦拉，共产主义起义的代表人物，于10月9日在玻利维亚被处死。

关键时刻

● 环球之旅
1966年8月27日

1966年8月27日，弗朗西斯·奇切斯特驾驶他的"舞毒蛾4号"（Gypsy Moth IV）帆船驶出普利茅斯港（Plymouth Harbour）。9个月后，他回到了普利茅斯港，完成了第一次单人世界环游，其间只在悉尼停靠过一次。奇切斯特在1958年被诊断出癌症晚期，在那之后，他便开始驾驶游艇航行。1972年，他最终死于癌症。

●《百年孤独》
1967年5月30日

加夫列尔·加西亚·马尔克斯（Gabriel Garcia Márquez）这部描写布恩迪亚（Buendía）家族的小说，是魔幻现实主义文学的代表作，它把拉丁美洲文学推向了世界。这本书继而被翻译成37种语言，销量超过3000万册，但马尔克斯一直拒绝出售该书的电影版权。

● 洛文夫妇对抗弗吉尼亚州法律
1967年6月12日

因为跨种族婚姻在弗吉尼亚州是非法的，因此迈尔德雷德·杰特（Mildred Jeter）和理查德·洛文（Richard Loving）便前往华盛顿特区结婚。但在他们返回弗吉尼亚州后，便于1958年7月11日被捕，判处一年监禁，如果搬离该州，判决将暂缓执行。此案被上诉至美国最高法院，大约十年以后，该法院裁定弗吉尼亚州的法律违反了美国宪法。

▲ 在1967年的电影《雌雄大盗》（Bonnie and Clyde）中，费·唐纳薇（Faye Dunaway）饰演的邦妮（Bonnie）和沃伦·比蒂（Warren Beatty）饰演的克莱德（Clyde）正在躲避警察追捕。

了为期6天的战争，战争进行得很快，以色列获得了意想不到的胜利，而且伤亡极少。规模较大的阿拉伯军队损失较为惨重。以色列从埃及手中夺取了西奈半岛和加沙地带的控制权，从叙利亚手中夺取了戈兰高地的控制权，从约旦手中夺得了约旦河西岸和东耶路撒冷的控制权。在占领东耶路撒冷后，犹太人可以在西墙做礼拜。

12月3日，克里斯蒂安·巴纳德（Christiaan Barnard）医生对53岁的路易斯·沃什坎斯基（Louis Washkansky）进行了第一例心脏移植手术。沃什坎斯基在手术中幸存了下来，但18天后死于肺衰竭。

流行音乐排行榜

- 甲壳虫乐队
《佩伯军士的寂寞芳心俱乐部乐队》
(Sergeant Pepper's Lonely Hearts Club Band)

- 地下丝绒和尼科乐队
(The Velvet Underground & Nico)
《地下丝绒和尼科》
(The Velvet underground and Nico)

- 吉米·亨德里克斯体验乐队
(The Jimi Hendrix Experience)
《你经历过吗》(Are You Experienced)

- 平克·弗洛伊德乐队（Pink Floyd）
《黎明时分的风笛手》
(The Piper At The Gates Of Dawn)

- 大门乐队（The Doors）
《大门》（The Doors）

热门电影和电视节目

《雌雄大盗》(Bonnie and Clyde)

《毕业生》(The Graduate)

《制片人》(The Producers)

《白日美人》(Belle de Jour)

《囚徒》(The Prisoner)

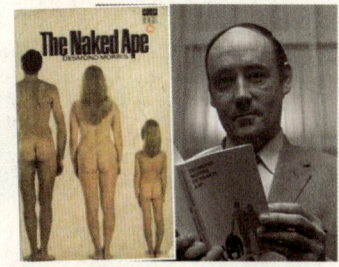

第一台自动柜员机
1967年6月27日

第一台自动柜员机（ATM）安装在伦敦郊区恩菲尔德镇的巴克莱银行分行，由出演《在公共汽车上》（On The Buses）的明星雷吉·瓦尼（Reg Varney）为其揭幕。约翰·谢泼德-巴伦（John Shepherd-Barron）领导的团队从巧克力自动贩卖机中获得灵感，发明了这款机器。他说："我由巧克力棒自动售货机联想到了可以用现金代替巧克力。"

音乐剧《毛发》
1967年10月17日

《毛发》（Hair）这部音乐剧揭示了嬉皮士反主流文化的理想，在1968年登上百老汇舞台之前，该剧就在各个舞台上演。凭借其在舞台上的表现和反对越南战争的立场，再加上包括《水瓶座》（Aquarius）和《日出晨安》（Good Morning Sunshine）在内的一些时代经典歌曲，《毛发》将20世纪60年代的反主流文化带到了舞台聚光灯下。

《裸猿》(The Naked Ape)
1967年10月

动物学家、动物行为学家德斯蒙德·莫里斯（Desmond Morris）在他的书中把人类比作类人猿，他认为人类的许多特征都是为了适应狩猎采集者的生活而进化来的。他还指出，女性的乳房和男性的阴茎之所以与其他猿类不同，是为了适应原始的生活方式而进化的结果。

第一届超级碗

作为国家橄榄球联盟（NFL）和美国美式足球联盟（AFL）合并协议的一部分，第一届超级碗由堪萨斯城酋长队（Kansas City Chiefs）和绿湾包装工队（Green Bay Packers）争夺。虽然酋长队在上半场击败了他们的对手，但包装工队的优势在下半场得以体现，这支总部位于威斯康星州（Wisconsin）的球队最终以35-10的比分赢得了比赛。到目前为止，超级碗比赛已经举办了52届，其中参加最后一场比赛的两支球队总身价高达63.5亿美元，吸引了1亿多名观众。

第一位女性参加波士顿马拉松

1967年4月19日

凯西·斯威策（Kathy Switzer）成为第一位报名并参加波士顿马拉松比赛的女性，这是一种低调的反抗行为。教练告诉她，一个"柔弱的女人"不能跑完全程，而且一名裁判曾试图把她拖离队伍，即便如此，斯威策还是在4小时20分钟内完成了比赛。斯威策的这一行为对1972年推翻禁止女性与男性赛跑的规定起到了推动作用。

第三次中东战争

1967年6月5日至10日

为了对阿拉伯国家的军事活动做出猛烈回击,以色列于1967年发动了第三次中东战争,对埃及进行空袭,摧毁了其90%的空军力量。随后,以色列将怒火转向了入侵的约旦人,迫使他们离开耶路撒冷,随后又进攻戈兰高地,迫使叙利亚接受停火协议。在这场战争中,以色列损失了700人,而对方阿拉伯国家则总共损失了大约18000人。

"爱之夏"

1967年夏天

在旧金山的一次集会中,一群嬉皮士将仿造地球仪绘制的一个巨大球体抛向空中,庆祝夏至("爱之夏"的第一天)的到来。"爱之夏"是一种社会现象,支持嬉皮士文化的10万多人汇聚在旧金山,聆听经典音乐,分享自由思想,抗议越南战争。

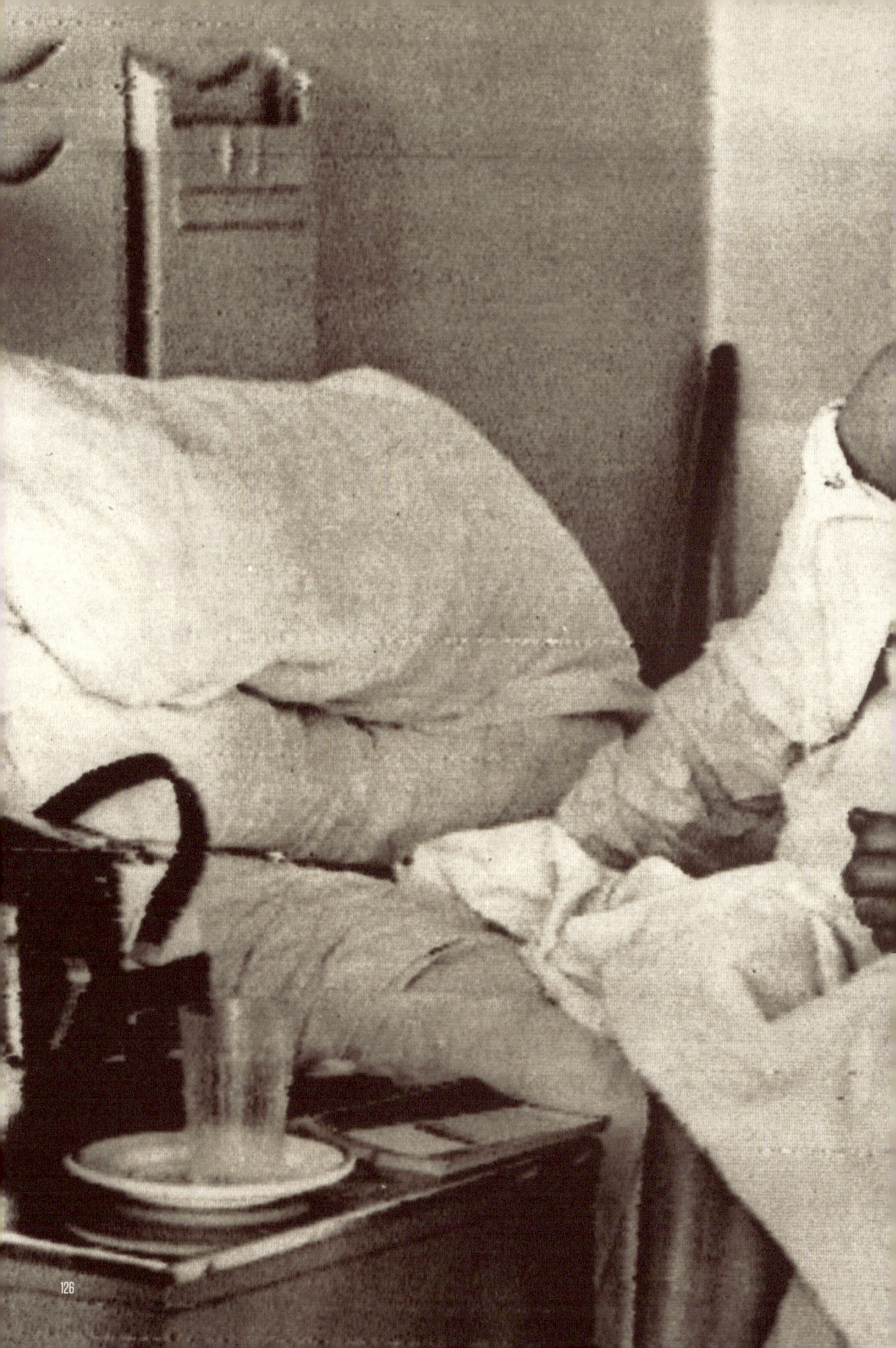

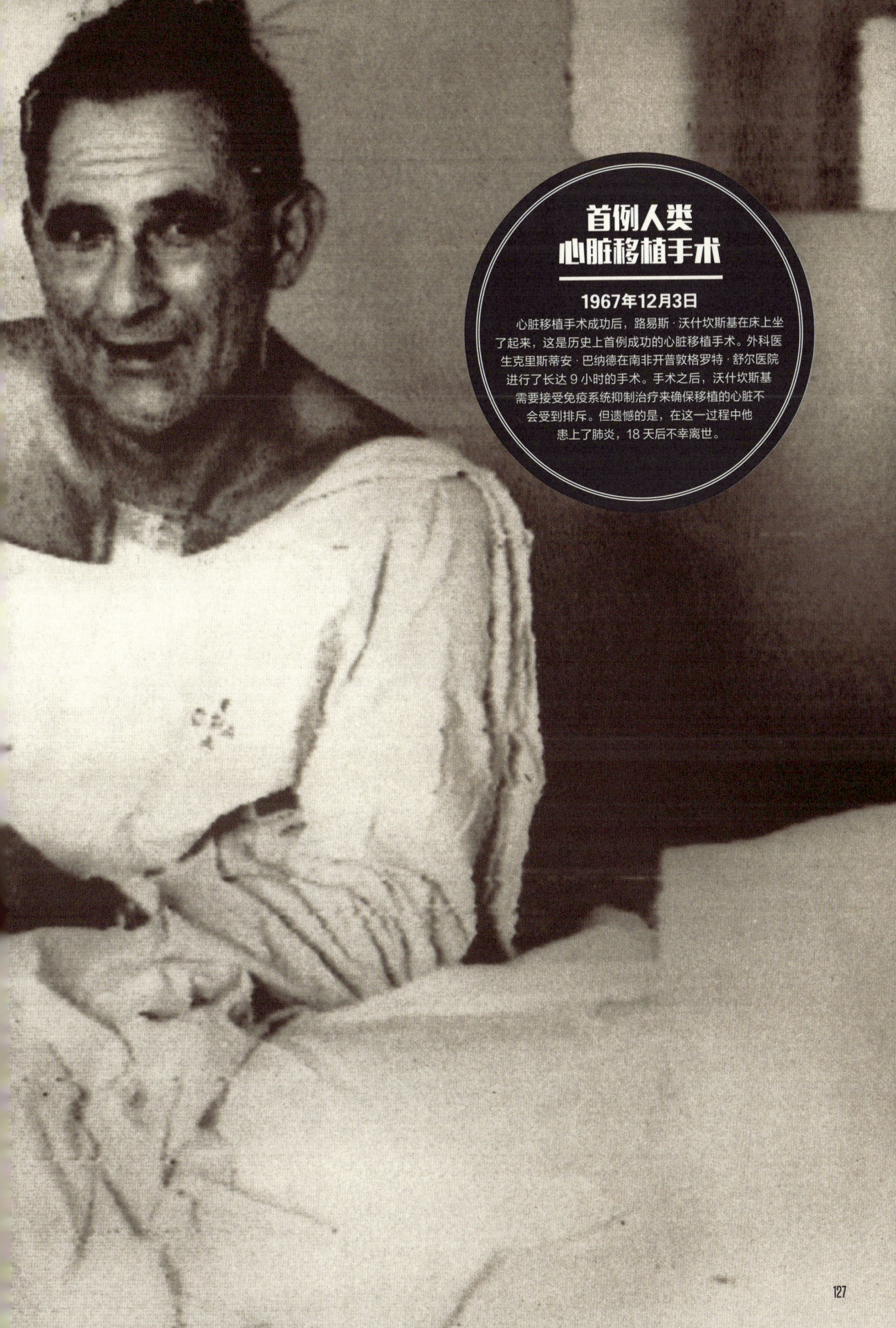

首例人类心脏移植手术

1967年12月3日

心脏移植手术成功后,路易斯·沃什坎斯基在床上坐了起来,这是历史上首例成功的心脏移植手术。外科医生克里斯蒂安·巴纳德在南非开普敦格罗特·舒尔医院进行了长达9小时的手术。手术之后,沃什坎斯基需要接受免疫系统抑制治疗来确保移植的心脏不会受到排斥。但遗憾的是,在这一过程中他患上了肺炎,18天后不幸离世。

1968年，马丁·路德·金和罗伯特·肯尼迪被暗杀，世界各地的公民起义也层出不穷，似乎整个世界都几近疯狂。

如果说 1967 年被贴上了"爱之夏"的标签，那么 1968 年只能被认为是"愤怒和恐怖之年"。随着马丁·路德·金和罗伯特·肯尼迪相继遇刺身亡，这种恐怖感接踵而来。金遇刺后，在巴黎和整个美国发生的骚乱使愤怒情绪迸发。与此同时，在东南亚，北越发动了"新春攻势"（Tet Offensive），在欧洲，苏联坦克部队结束了"布拉格之春"（Prague Spring）。到 1968 年年底，前一年占主导地位的所有对爱与和平的美好希望与信念似乎都已成为遥远的过去。

1968 年 4 月 4 日，马丁·路德·金遇刺象征着人们美好希望的破灭。作为民权运动的领袖，马丁·路德·金早已习惯了应对各种死亡威胁，他也认定自己的死可能也是民权斗争的一部分。遇刺前，马丁·路德·金正在孟菲斯（Memphis）支持黑人环卫工人争取同工同酬的罢工。4 月 3 日，金发表了一场演讲，在演讲中，他提到自己是如何看待死亡的，他说："我现在并不担心死亡。我只想遵从上帝的意愿。他已经允许我站在山顶。我已经看到了一切，看到了那应许之地。"

第二天晚上，金刚走到他下榻的汽车旅馆

> 种族隔离制度下的南非强烈反对英格兰的混合种族板球运动员队伍，因此英格兰板球的南非之旅被取消了。

关键时刻

● **新春攻势**
1968 年 1 月 30 日

北越在南越各地发动了一系列袭击，这让自认为终将会赢得越南战争的美国颇为震惊。尽管在这次进攻中，北越遭受了重大失败，但它象征着一场政治性胜利，因为无论采取的方式是否正确，都使美国相信，它支持的越南战争是不可能打赢的。

● **法国爆发内乱**
1968 年 5 月

国内动乱、工人罢工及学生占领大学校舍使法国陷入了停滞状态，在这样的局势之下，法国正处于内战的边缘。工人和学生联合起来抗议法国总统戴高乐的统治，为此，戴高乐在 5 月 29 日逃离了法国，但之后他在支持者的拥护下再次回到法国，并呼吁举行全国大选。戴高乐所在的政党以压倒性优势获胜。

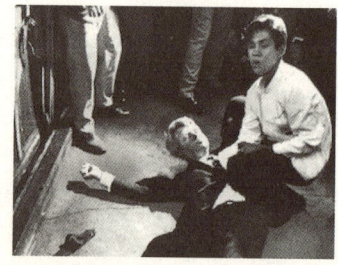

● **罗伯特·肯尼迪遇刺**
1968 年 6 月 5 日

罗伯特·肯尼迪参加民主党总统候选人提名的初选。在向支持者发表演讲后，肯尼迪正准备离开洛杉矶大使酒店，这时，一名巴勒斯坦男子近距离向他开了数枪。26 小时后，罗伯特·肯尼迪去世。这名男子名叫索罕·索罕（Sirhan Sirhan），他对肯尼迪支持以色列感到愤怒，便开枪射杀了他。

▲ 这是电影《2001 太空漫游》（2001: A Space Odyssey）中的一个场景：加里·洛克伍德（Gary Lockwood）和凯尔·杜拉（Keir Dullea）在一个太空舱里。这部电影是导演库布里克（Kubrick）的代表作。

流行音乐排行榜

- 甲壳虫乐队
《披头士（白色专辑）》
[The Beatles（The White Album）]

- 斯莱和斯通一家乐队
（ Sly and the Family Stone ）
《在乐声中起舞》（ Dance to the Music ）

- 地下丝绒乐队（ The Velvet Underground ）
《白光，白热》（ White Light/White Heat ）

- 凡·莫里森（ Van Morrison ）
《星际星期》（ Astral Weeks ）

- 奥蒂斯·雷丁（ Otis Redding ）
《海湾码头》（ The Dock Of The Bay ）

热门电影和电视节目

- 《2001 太空漫游》
（ 2001: A Space Odyssey ）

- 《人猿星球》
（ Planet of the Apes ）

- 《如果》
（ If... ）

- 《活死人之夜》
（ Night of the Living Dead ）

- 《莫克姆与怀斯秀》
（ The Morecambe & Wise Show ）

的阳台上，就突然被一颗子弹击中，当场死亡。在经过两个月的大规模搜捕之后，凶手詹姆斯·厄尔·雷（James Earl Ray）在伦敦希思罗机场被捕。

马丁·路德·金遇刺的消息传开后，美国 100 多个城市爆发了骚乱，其中华盛顿、芝加哥和巴尔的摩的暴力冲突尤为严重。这次骚乱也被称为"圣周起义"（Holy Week Uprising），当骚乱平息时，已有 45 人死亡，市中心的华盛顿看起来就像战场一样。

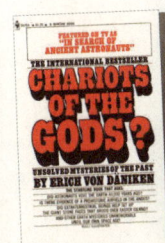

"布拉格之春"结束
1968 年 8 月 21 日

亚历山大·杜布切克当选捷克斯洛伐克共产党第一书记后，他试图为本国人民争取比在苏联统治期间更大的自由，并将这次尝试号称为"有人性的社会主义"。苏联决心阻止他进行这样的尝试，于是便派遣了 50 多万军队进入捷克来镇压这次改革。

《仿生人会梦见电子羊吗？》
1968 年

菲利普·迪克（Philip Dick）的这部小说刻画了赏金猎人德卡德（Deckard）这一角色并描述了他追捕并"毁灭"冒充人类的仿生人的使命，从而引发了人类对自身的思考。该小说也为雷德利·斯科特（Ridley Scott）的经典电影《银翼杀手》（Blade Runner）提供了灵感。

《众神的战车》
1968 年

埃利希·冯·丹尼肯（Erich von Daniken）在这本书中陈述的观点是，古代文明中的宗教和技术都是地球文化与外星文化相遇而产生的结果，而外星人就是地球人的神。他还表示，人类在原始社会不可能独自建造金字塔或巨石阵，而是在外星人的帮助下完成的。

马丁·路德·金遇刺

1968年4月4日

马丁·路德·金在田纳西州（Tennessee）孟菲斯的洛林汽车旅馆（Lorraine Motel）遇刺身亡后，警察和南方基督教领袖联合会的成员赶到现场，簇拥在他的遗体前。这位民权领袖的逝世在全美100多个城市引发了骚乱。马丁·路德·金通过慷慨激昂的演讲和非暴力抗议游行为非洲裔美国人争取民权铺平了道路。

马丁·路德·金
（原名迈克尔·金）
1929—1968

人物简介

小迈克尔·金（Michael King Jr.）出生在美国大萧条（Great Depression）和种族纷争不断的时代，他的父亲为了纪念激进的德国神学家马丁·路德（Martin Luther），便将他自己和儿子的名字都改为马丁·路德，马丁·路德·金因此而得名。尽管与抑郁症抗争过并且在年轻时曾对宗教持有怀疑态度，但金最终还是成了一名争取种族平等最具影响力的活动家，但也恰是这种激情最终夺走了他的生命。

金之死

马丁·路德·金从一个名不见经传的浸信会牧师成长为一名非暴力抗议和种族平权运动的斗士，他的死在全世界引起了很大反响。

20世纪60年代的民权运动（Civil Rights Movement）使许多著名活动家获得了不朽之名，这是一场改变了美国和整个世界的社会政治动荡。有些是激进分子，竭力主张非洲裔美国人打破强制性的种族隔离枷锁，建立一个黑人至上的新国家，而另一些人则宣扬和平政策，认为只有外交和理性才能消除旧时的偏见。

作为一名浸信会牧师的儿子和20世纪50年代到60年代的民权运动领袖，马丁·路德·金崇尚和平抗争。但与同时代的人不同的是，他不仅在生前干了一些鼓舞人心的事情，而且在死后也带来了很大的影响。在一个为摆脱分裂主义传统而抗争的国家，他是倡导变革的领军人物，拒绝接受迫使非裔美国人成为二等公民的种族隔离制度。

他组织了静坐示威、集会和抗议活动，但一直倡导非暴力准则——他的牧师身份和天生的公众演讲才能赋予了他自然之力，因此他成功吸引了媒体的关注，但同时也招致了部分主张暴力运动的黑人激进分子和拒绝改变现状的白人传统主义者的不满。这也致使他成了众矢之的。他在一生中遭遇了许多次攻击和暗杀，但无论是靠运气还是得益于上帝的恩典，金都成功避开，得以幸存。

马丁·路德·金代表着新时代的声音，他想实现在上帝和宪法面前人人平等，他是存在于像火药桶一样随时准备爆炸的国家里的一股和平力量。在生命的后几年里，他对《民权法案》的批准起到了关键作用。该法案赋予了非洲裔美国公民平等的权利，而他的去世帮助争取到了民权运动的最后一项，或许也是最重要的一项变革立法：《公平住房法案》。在他被谋杀之后，全国上下掀起了哀悼的浪潮，尽管这是一场悲剧，但这正是确保每个公民——不论肤色或信仰——都能拥有一个不受歧视的家园所需要的。

成名之路

●**1929 年 1 月 15 日**
小迈克尔·金出生在佐治亚州亚特兰大，是迈克尔·金（Michael King）牧师和阿尔伯塔·威廉姆斯·金（Alberta Williams King）牧师的第二个孩子。

●**1934 年**
老迈克尔·金从德国神学家马丁·路德的著作中获得灵感。为了表示敬意，他给自己和长子改名为马丁·路德。

●**1948 年**
金从莫尔豪斯学院毕业，获得了社会学学士学位。他成为了一名牧师，并进入宾夕法尼亚州的克罗泽神学院攻读神学。

●**1944 年**
金在学习方面天赋异禀，15 岁就中学毕业并通过了著名的莫尔豪斯学院（Morehouse College）的入学考试。

●**1955 年 12 月 1 日**
罗莎·帕克斯（Rosa Parks）被捕后，金加入了蒙哥马利巴士抵制运动。四天后，他被推选为该运动的发言人。

●**1957 年**
南方基督教领袖联合会是由马丁·路德·金组织的，旨在反对种族隔离，为非洲裔美国人争取民权。

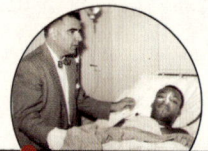

●**1960 年**
金被捕且被判处四个月监禁。当时的总统候选人肯尼迪帮助撤销了这一判决。

●**1958 年 9 月 20 日**
在一次签售会上，马丁·路德·金被一名患有精神疾病的女性刺伤了胸部。因此，他住进了医院，但医生表示他的伤终会痊愈。

●**1963 年 4 月 13 日**
金发起了伯明翰抗议运动。非暴力抗议者受到了高压水枪的攻击并在静坐期间被逮捕。

●**1963 年 5 月 10 日**
经过一个月的抗议，伯明翰协议达成，非洲裔美国人获得了平等使用商店等公共服务设施的权利。

●**1964 年 1 月 3 日**
多年来，金一直是非暴力抗议活动的领袖，更重要的是，他的抗议活动取得了显著成效，因此金登上了《时代周刊》封面，成为年度风云人物。

●**1963 年 8 月 28 日**
金在华盛顿特区林肯纪念堂的台阶上向 25 万多名活动人士发表了他的标志性演讲《我有一个梦想》。

●**1964 年 7 月 2 日**
《民权法案》由林登·约翰逊总统签署成为法律。马丁·路德·金和其他活动人士对此倍感欣慰，但许多白人公民却对这项新法律视若无睹。

●**1968 年 4 月 4 日**
就在马丁·路德·金发表他最后一次演讲《我已经登上了顶峰》（I've Been To The Mountaintop）的第二天，他在孟菲斯被枪杀。骚乱和哀悼席卷了整个美国。

▶ 林登·约翰逊总统会见了马丁·路德·金和其他两位著名民权活动家惠特尼·杨（Whitney Young）和詹姆斯·法默尔（James Farmer）。

▶ 人们普遍误以为金和马尔科姆·X走得很近，但其实他们只见过一次面。尽管马尔科姆·X早期所持的观点很极端，但他最终还是认同了金的非暴力理念。

▶ 马丁·路德·金和其他民权活动人士聚集在一起，见证林登·约翰逊总统签署《投票权法案》成为法律。

金生前的日子

马丁·路德·金在孟菲斯度过了他生前的最后一个夜晚，历时数年的民权运动也随之达到了高潮。

经过十多年的积极行动，1968年，居住在美国的非洲黑人所处境况终于要发生实质性变化了。尽管亚伯拉罕·林肯（Abraham Lincoln）担任总统期间废除了奴隶制，但非白人公民仍然生活在水深火热之中，他们被迫实行种族隔离，根本无法享受到宪法所倡导的平等。如今，随着春天的到来，马丁·路德·金和民权运动（对一些人）做了不可思议的事：他们改变了当权者的观点，改变了有权变更法律的人的观点。

然而，在距离该法案签署成为法律只剩几个月时，马丁·路德·金最后的日子变得紧张起来。随着黑豹党（Black Panthers）等激进分子的加入，民权运动也逐渐趋于分裂，造成了一定的负面影响。虽然取得了一些进展，但骚乱变得和马丁·路德·金倡导的和平抗议一样普遍。民权事件持续升温。

当然，这种重大变化不是一夜之间发生的，但最近的行动使事态发展变得更加迅速。民权法案本身最初是由约翰·肯尼迪总统在1963年提出的——肯尼迪魅力十足，在政治决策上雷厉风行，影响力不容小觑，但即使是这样，他也在参议院遭到了强烈反对（议员们呼吁通过一项反法案）。后来，他遇刺身亡，震惊了全国，林登·约翰逊继任总统一职。约翰逊和前任总统肯尼迪一样，一直热衷于让美国公民实现真正的平等。

马丁·路德·金也满怀热情地持续跟进法案的进展，在法案通过的整个过程中，他出席了许多场参议院听证会，与约翰逊总统建立了紧密的联系。随着法案的逐步完成，金与约翰逊总统进行了多次会晤。法案签署后，马丁·路德·金开始将注意力转移到了其他方面，例如，主张改善美国最贫困人民的生活，同时反对越南战争。

直到1968年，马丁·路德·金所做的努力和民权运动终于开始影响这个国家的重要部门：政府。三年前，民权运动为所有公民（不论肤色）带来了第一次真正意义上的立法变革——《投票权法案》。该法案最终为非洲裔美国人的合法权利提供了保障。现在，马丁·路德·金和他的同胞们把目光投向了更大的目标：修改1964年的《民权法案》。

尽管马丁·路德·金多年来一直领导民权运动，而且针对全国各地非洲裔美国人的立法改革已经实现，但他仍然在其他各方面都冲锋在前。1968年，他组织了"穷人运动"（Poor People's Campaign），旨在解决严重的经济赤字问题，这一问题曾导致较贫困地区人民与整个社会格格不入。更重要的是，这是一项涉及多元文化的事业。金决心改善美国所有贫困人口的生活条件，不分种族。

3月28日，马丁·路德·金发起了第一次大规模运动，他没有像过去那样把注意力集中在

在这个世界上，没有比纯粹的无知和认真的愚蠢更危险的了。

华盛顿特区，而是集中在孟菲斯以及当地正在上演的卫生罢工上。这次罢工事件中，共有1300名黑人工人因危险的工作条件、工作中所遭受的歧视以及两名工人的惨死而罢工，成为了全国性新闻。金决心利用孟菲斯市罢工事件作为催化剂，发起这场运动。

然而，一场场不同寻常的骚乱和暴力事件给该运动带来了相当多的负面报道，高级民权活动人士贝亚德·拉斯廷（Bayard Rustin）甚至退出了该运动，因为他认为，该运动要求实现广泛的经济复兴这一目标太过宽泛且不切实际。

4月3日，金飞抵孟菲斯，是为了在梅森神庙（基督上帝教会的世界总部）发表演讲。他的航班最初因炸弹威胁而推迟，但他最终还是及时到场发表了演讲。

这次演讲《我已经登上了顶峰》成为马丁·路德·金一次最具标志性、最著名的演讲之一。"我曾获悉美国推崇集会自由，"他宣称，"我曾获悉美国推崇言论自由。我曾获悉美国推崇出版自由。我曾获悉美国之所以伟大就在于它是捍卫一切正义的权威。因此，正如我所言，什么都不能阻挡我们前进的步伐。我们也不会为任何所谓的强制令所阻挠。我们要继续前行。"

金的敌人

但凡成为民权运动的核心人物，无论采取的是非暴力形式还是其他形式，都会树敌。

J. 埃德加·胡佛

细数你的敌人时，发现思想激进的联邦调查局局长是其中一员，这本身就是一项壮举。虽然没有证据能够表明胡佛对马丁·路德·金在民权运动中所要实现的目标持反对态度，但他在发现自己的高级顾问中有共产主义间谍之后就一直在试图阻碍民权运动的进展。

乔治·华莱士州长

乔治·华莱士宣誓就任阿拉巴马州州长时，就对实施并维持种族隔离有着强烈的意愿。多年来他一直坚持这一立场，尽管是在马丁·路德·金领导了一系列民权运动的情况下，他仍然没有动摇，但后来他还是改变了自己的立场。

马尔科姆·X

虽然马尔科姆·X和马丁·路德·金作为个人并不敌对，但有一段时间，他们在如何帮助非洲裔美国人实现平等方面持有完全相悖的观点。早些年，马尔科姆·X曾与马丁·路德·金坚定的非暴力立场斗争过，他认为只有通过武力才能实现平等。

斯托克利·卡迈克尔（Stokely Carmichael）

早些时候，斯托克利·卡迈克尔曾是金忠实而热情的支持者，参加了学生非暴力协调委员会（SNCC），但和许多年轻拥护者一样，他最终对民权运动的缓慢进展感到失望。他曾创造并推广了"黑人力量"这个词——金将其描述为"不合时宜的词"。

奥马利·叶希特拉（Omali Yeshitela）

与马尔科姆·X一样，叶西特拉（原名约瑟夫·沃尔，Joseph Waller）也反对马丁·路德·金的种族融合思想，相反，他认为美国（甚至整个世界）只有在黑人至上且在一个新的非洲国家的领导下才能繁荣昌盛。他一直极参与暴力抗议活动，且与马尔科姆·X不同的是，他从始至终都未曾放弃那些至上主义观点。

刺杀 1968年4月4日

从金踱步到汽车旅馆的阳台上到刺客轻易地逃脱，我们来分解一下这个民权偶像被谋杀的过程。

到 1968 年 4 月为止，马丁·路德·金和民权运动的所有目标几乎全部实现了——《民权法案》刚在两天之前签署成为法律，保障所有公民住房的《公平住房法案》也开始生效。平等将迅速成为现实，世界各地所有的电视媒体和广播电台都通过无线电波传送着这个消息，金作为和平行动主义的代表，脸上洋溢着胜利的喜悦，根本没有把由来已久的紧张局势和国内动荡放在心上。正是胜利在望之际，金前往孟菲斯准备使出最后一把力。

1 15:30

当天早些时候，有犯罪前科的詹姆斯·厄尔·雷通过当地新闻报道和报纸确定了金的下榻之处。下午 3 点 30 分前后，他在破旧的贝蒂布鲁斯特公寓租了 5B 房间，这个公寓与洛林汽车旅馆只有一街之隔。随后，雷走到外面，在当地一家商店花 41.55 美元买了一副双筒望远镜，之后他便返回房间，找了一个有利的位置进行观察。他在公共浴室找了一处作为狙击位置，等待金的出现。

2 17:30

田纳西州孟菲斯市的这个夜晚温暖舒适，马丁·路德·金、他的随行人员以及一大群参与民权运动的关键人物在这摇滚乐的发源地聚集，前一天，金刚在梅森神庙发表了《我已经登上了顶峰》的标志性演讲。金的下榻之处是洛林汽车旅馆，是位于孟菲斯市中心马尔贝瑞街（Mulberry Street）上的一栋两层高的小楼。金在布拉夫市（Bluff City）很受欢迎，他刚刚做好准备要与当地牧师比利·凯斯（Billy Kyles）一行人共进晚餐。

3 18:01

金入住的是 306 房间，他刚刚刮完胡子（因为和凯尔斯牧师相谈甚欢，耽误了时间，金快要迟到了）。一群民权人士——詹姆斯·贝弗尔、昌西·埃斯克里奇（Chauncey Eskridge）、杰西·杰克逊（Jesse Jackson）、何西·威廉姆斯、安德鲁·杨（Andrew Young）和司机小所罗门·琼斯（Solomon Jones Jr）都在外面的一辆白色凯迪拉克轿车里等候。金擦掉剃须粉，走到阳台上。突然传出一声枪响，子弹击中了金的脸颊。凯尔斯正在外面的楼梯上走着，走到一半的时候，他突然听到枪声，便迅速冲回金的房间。

4 18:01

詹姆斯·厄尔·雷一枪命中要害，随后准备离开。走之前，他把他的高速步枪、双筒望远镜、一台小收音机和一张报纸放进一个盒子里，并用一条旧的绿色毯子将其包了起来。马尔贝瑞街及其周边地区已经陷入一片混乱之中。枪声很响，大家都知道金就住在街对面。雷把捆绑好的盒子放在了他租的公寓旁边的卡尼佩娱乐厅（Canipe's Amusement Store）外面。他迅速走到附近的一辆白色野马车旁，当警察赶到时，他已经开车离开了。

武器

1968年那个影响重大的夜晚,孟菲斯警方在枪击案发生几分钟后就发现了雷明顿760"Gamemaster"步枪(一种高速步枪)、几发未用完的子弹以及包裹在一起的一些其他物品。有趣的是,这支步枪并不是在有利射击位置被发现的,而是在卡尼佩娱乐厅外被发现的。卡尼佩娱乐厅与金住的洛林汽车旅馆隔街相望。然而,联邦调查局(FBI)和当地警方的报告对这支步枪是否确实是用来射杀金的说法不一。一些人认为,从金的尸体上找到的子弹与这一传闻的所谓凶器并不相符。

▲ 黑人民权运动代表沃尔特·爱德华·方特洛伊(Walter E Fauntroy)手握着杀死金的步枪。

▲ 挂在洛林汽车旅馆的这只红白相间的花圈标记了金被暗杀的地点。

▶ 正是从贝蒂布鲁斯特公寓一楼的这个窗户处,詹姆斯·厄尔·雷开枪射杀了马丁·路德·金。

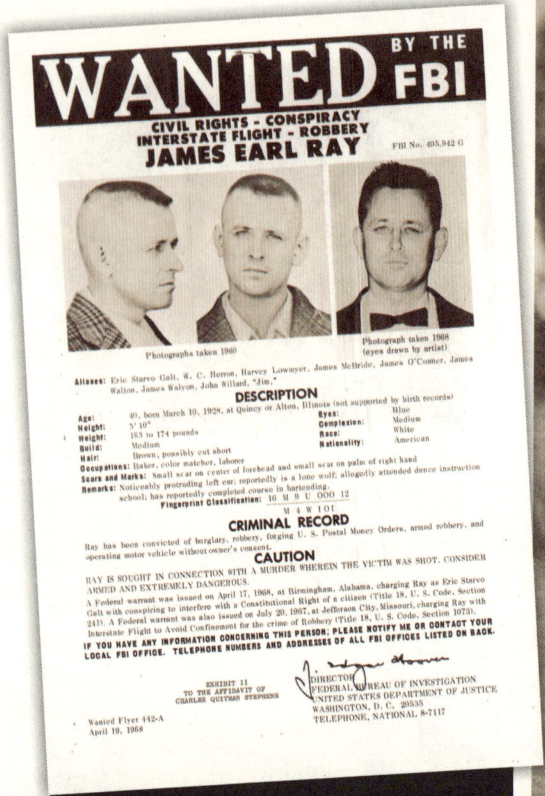

WANTED BY THE FBI

CIVIL RIGHTS - CONSPIRACY
INTERSTATE FLIGHT - ROBBERY

JAMES EARL RAY

FBI No. 405,942 G

Photographs taken 1960

Photograph taken 1968
(eyes drawn by artist)

Aliases: Eric Starvo Galt, W. C. Herron, Harvey Lowmyer, James McBride, James O'Conner, James Walton, James Walyon, John Willard, "Jim,"

DESCRIPTION

Age:	40, born March 10, 1928, at Quincy or Alton, Illinois (not supported by birth records)	**Eyes:**	Blue
Height:	5' 10"	**Complexion:**	Medium
Weight:	163 to 174 pounds	**Race:**	White
Build:	Medium	**Nationality:**	American
Hair:	Brown, possibly cut short		

Occupations: Baker, color matcher, laborer

Scars and Marks: Small scar on center of forehead and small scar on palm of right hand

Remarks: Noticeably protruding left ear; reportedly is a lone wolf; allegedly attended dance instruction school; has reportedly completed course in bartending.

Fingerprint Classification: 16 M 9 U 000 12
M 4 W 101

CRIMINAL RECORD

Ray has been convicted of burglary, robbery, forging U. S. Postal Money Orders, armed robbery, and operating motor vehicle without owner's consent.

CAUTION

RAY IS SOUGHT IN CONNECTION WITH A MURDER WHEREIN THE VICTIM WAS SHOT. CONSIDER ARMED AND EXTREMELY DANGEROUS.

A Federal warrant was issued on April 17, 1968, at Birmingham, Alabama, charging Ray as Eric Starvo Galt with conspiring to interfere with a Constitutional Right of a citizen (Title 18, U. S. Code, Section 241). A Federal warrant was also issued on July 20, 1967, at Jefferson City, Missouri, charging Ray with Interstate Flight to Avoid Confinement for the crime of Robbery (Title 18, U. S. Code, Section 1073).

IF YOU HAVE ANY INFORMATION CONCERNING THIS PERSON, PLEASE NOTIFY ME OR CONTACT YOUR LOCAL FBI OFFICE. TELEPHONE NUMBERS AND ADDRESSES OF ALL FBI OFFICES LISTED ON BACK.

EXHIBIT 11
TO THE AFFIDAVIT OF
CHARLES QUITMAN STEPHENS

J. Edgar Hoover
DIRECTOR
FEDERAL BUREAU OF INVESTIGATION
UNITED STATES DEPARTMENT OF JUSTICE
WASHINGTON, D. C. 20535
TELEPHONE, NATIONAL 8-7117

Wanted Flyer 442-A
April 19, 1968

雷的杀人动机是什么?

1 雷信奉种族主义

雷出生在伊利诺斯州，但后来他和家人搬到了密苏里州（Missouri）的鲍灵格林市（Bowling Green），这个城市里聚集了大量的三K党成员。据报道，因为受到三K党激进观点的影响，雷在年轻时就拥护种族主义观点——正是这样的观点，加之穷困潦倒且有犯罪记录的生活窘境，驱使他去射杀了这个全国最著名的非洲裔美国人。

2 雷一直以来都很穷

一些人认为，雷的杀人动机可能纯粹是出于经济原因。他出身贫寒，一生中的大部分时间都在贫困线上挣扎。由于没能在学业上获得成功，雷从青年时期开始就陷入了犯轻微罪然后入狱的怪圈。有一种可能性是，一位神秘人物“拉乌尔”（Raoul）出钱让雷实行射杀——雷坚称是拉乌尔雇他实施暗杀的。

3 他想要变相成名

在一生中的大部分时间里，雷都过着默默无闻的生活。雷出生在一个极度贫困的家庭，在学业方面没有足够的天赋，后来他逐渐发现自己的人生目标发生了扭曲，他对成为一名罪犯充满了信心。有一种可能性是，雷知道金之死必将会引起全球媒体的关注，他便想通过这种方式来变相获得名气，而成为刺杀金的杀手恰好能帮他实现这个目标。

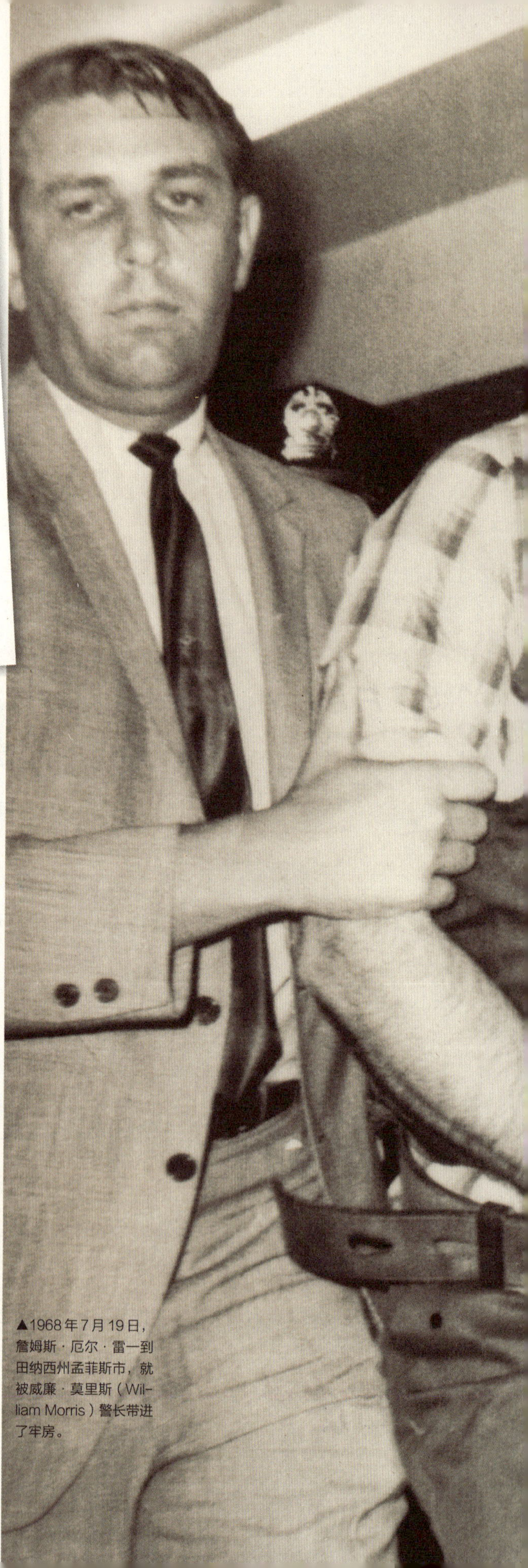

▲1968年7月19日，詹姆斯·厄尔·雷一到田纳西州孟菲斯市，就被威廉·莫里斯（William Morris）警长带进了牢房。

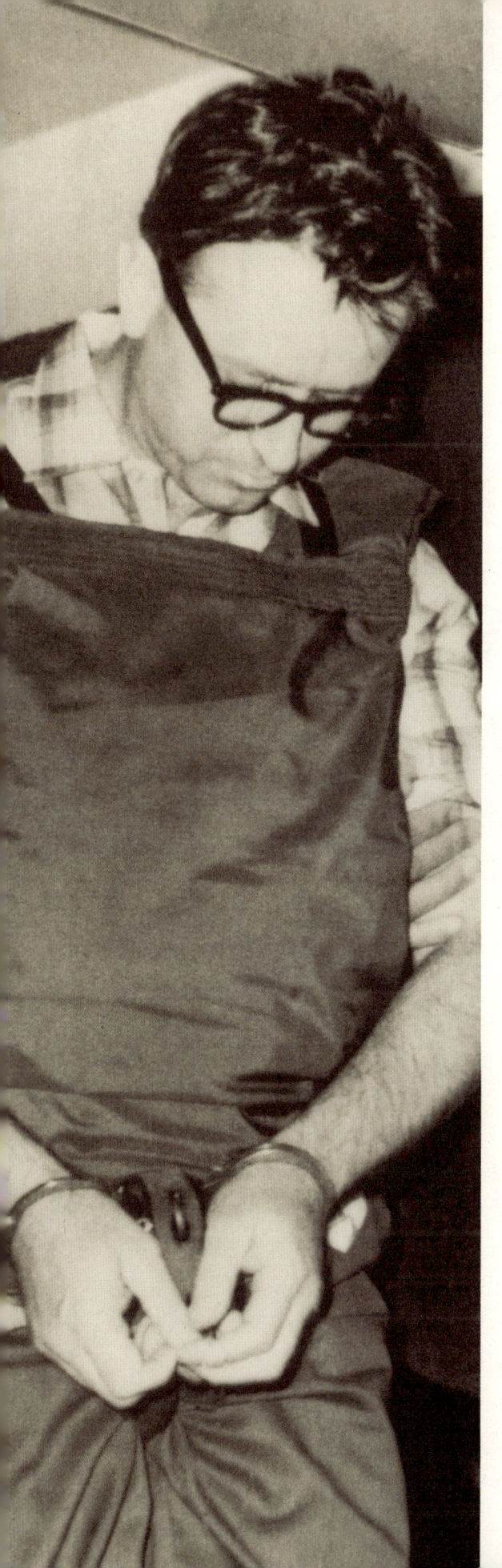

审判和后续

在全国震惊、举国哀悼之际,全世界的注意力都转向了这名开枪的男子。

就在那颗夺去马丁·路德·金生命的子弹射出后不久,詹姆斯·厄尔·雷就把他的步枪和其他物品装进一个盒子里,用一块旧布包起来,逃离了他为了追踪这位直言不讳的牧师而潜伏的公寓。当金躺在洛林旅馆一楼的地面上奄奄一息时,雷把捆绑好的盒子扔在附近的一家娱乐厅外面,跑向他的白色野马轿车,飞速离开了孟菲斯。

在接下来的几天里,雷用雷蒙·乔治·斯尼德(Ramon George Sneyd)的假名拿到了加拿大护照,藏匿在安大略省(Ontario)。美国联邦调查局发布了对他的逮捕令,将其列入醒目的头号通缉犯名单,同时公布了他所有的已知化名进行全面通缉。两个月后,6月8日,在他准备离开英国时,值机人员意识到"斯尼德"这一名字出现在加拿大皇家骑警(Royal Canadian Mounted Police)通缉目标名单上。机场工作人员还在雷身上发现了另一本护照,护照上用的是另一个假名。

雷当场被捕,几天后被引渡回美国。在他出逃的两个月里,联邦调查局展开了在当时看来是该局历史上代价最大的调查。追捕雷的行动蔓延到了5个国家,国际社会对一名支持非暴力的活

最终,我们会淡忘敌人的言行,但不会忘记朋友的冷漠。

▲1968年4月8日,工人们用便携式收音机收听马丁·路德·金的葬礼。

动人士毫无意义的死亡发出强烈抗议,这为该追捕行动提供了助力。现在,雷终于被拘留,司法程序可以开始了。

雷的案子究竟是怎么回事?当局有确凿的证据证明他确实参与其中吗?事实上,控方所掌握的都是间接证据,但所有证据都证明雷就在谋杀现场。用来射杀金的步枪上有雷的指纹,他当天早些时候买的双筒望远镜和用来获取金的日程和行踪信息的那份报纸上也有他的指纹。

起初,雷为了逃避死刑而认罪,但三天后他便翻供了。据雷说,是一个名叫"拉乌尔"的神秘男子(雷在加拿大见过他)策划了整个行动,他唆使雷买了一支步枪,并在贝蒂布鲁斯特公寓预订了一个特定的房间。除了雷自己的证词之外,当局没有找到有关"拉乌尔"这个人物的任何证据。加上雷曾多次触犯法律,因此控方确信雷就是真正的凶手。

但是,是什么促使他走到这一步的呢?雷从十几岁起就是一个惯犯。他很勇敢,但在事业上并没有取得显著的成功,他有持械抢劫和盗窃的案底,生活过得一塌糊涂。他曾多次越狱,在马丁·路德·金遇刺的前一年,雷就是从密苏里州监狱逃跑的。雷不害怕摆弄武器,有人说他无所畏惧,但他过去从未犯过谋杀这样的重罪。毋庸置疑,他是个小毛贼,那么怎么就成杀手了呢?

雷坚决否认是他杀死了金(直到1998年去世,他仍然坚持这一立场)。然而,尽管只有间

▲ 刺杀事件发生后，示威者聚集在白宫外。

▲ 暴徒摧毁大楼后，一名士兵在华盛顿特区站岗守卫。

接证据——包括有目击者可以证明雷当时逃离了现场——雷还是因谋杀金的罪名成立而被判处99年监禁。

那么，为什么尽管证据少得可怜但雷还是被定罪了呢？关于该案件的阴谋论持续盛行，但有一个事实是明确的：必须有人对此负责。五年前，肯尼迪总统也是以同样的方式被刺杀的。这一事件被拍成了电影，令所有人铭记于心，它使整个国家对这种简单而野蛮的暗杀行为感到震惊。与马丁·路德·金一样，约翰·肯尼迪也是一位备受欢迎且富有魅力的人物，他在公共场合的意外死亡激发了美国人对正义的共同渴望。

肯尼迪之死是冷战背景下一个令人震惊的转折；马丁·路德·金遇刺，令人震惊，全国人民为之哀悼。金之死没能平息民权运动中激进分子所引发的暴力行为，但却加速了实现平等的进程。在金死后三个月，《民权法案》被签署成为法律，最终确保每个公民的权利受宪法保护，免受非法迫害和种族隔离。

阴谋论
许多人仍然相信这个故事远没有那么简单

神秘人物"拉乌尔"

雷坚称他受雇于一个叫"拉乌尔"的人。据雷称，他是在加拿大遇到拉乌尔的，拉乌尔还跟他一起去孟菲斯目睹了谋杀金的整个过程。美国联邦调查局驳回了雷的这一说法，但1998年，一名退休的联邦调查局特工透露，当时他在雷的车里发现了几张纸，上面有线索指向拉乌尔这名嫌疑人。

劳埃德·乔尔斯雇人刺杀

有一种说法甚至称雷并不是凶手。该说法的主人公是劳埃德·乔尔斯（Lloyd Jowers），他当时经营着吉姆烧烤酒吧，就位于金住的洛林汽车旅馆对面。1993年，乔尔斯称孟菲斯农产品经销商弗兰克·利贝托（Frank Liberto）曾付给他10万美元，让他去雇一名杀手，但这名杀手并不是雷。

美国政府实行了刺杀

据雷的最后一位律师威廉·佩珀（William Pepper）称，美国政府才是幕后黑手。在他的书《马丁·路德·金谋杀案背后的真相》中，他声称中央情报局、联邦调查局和军方情报机构都参与策划了这场阴谋，他们雇用了一名黑手党杀手，企图终止金的影响力，事成之后又将其嫁祸给了毫不知情的雷。

罗伯特·肯尼迪遇刺

1968年6月5日

在被巴基斯坦人索罕·索罕连射好几枪之后,罗伯特·肯尼迪倒在了洛杉矶大使酒店的地板上。当时,美国正处于动荡时期,肯尼迪试图通过他对民权的忠诚来团结美国人民。索罕在审判中承认,他之所以刺杀肯尼迪是因为对肯尼迪支持以色列感到愤怒。

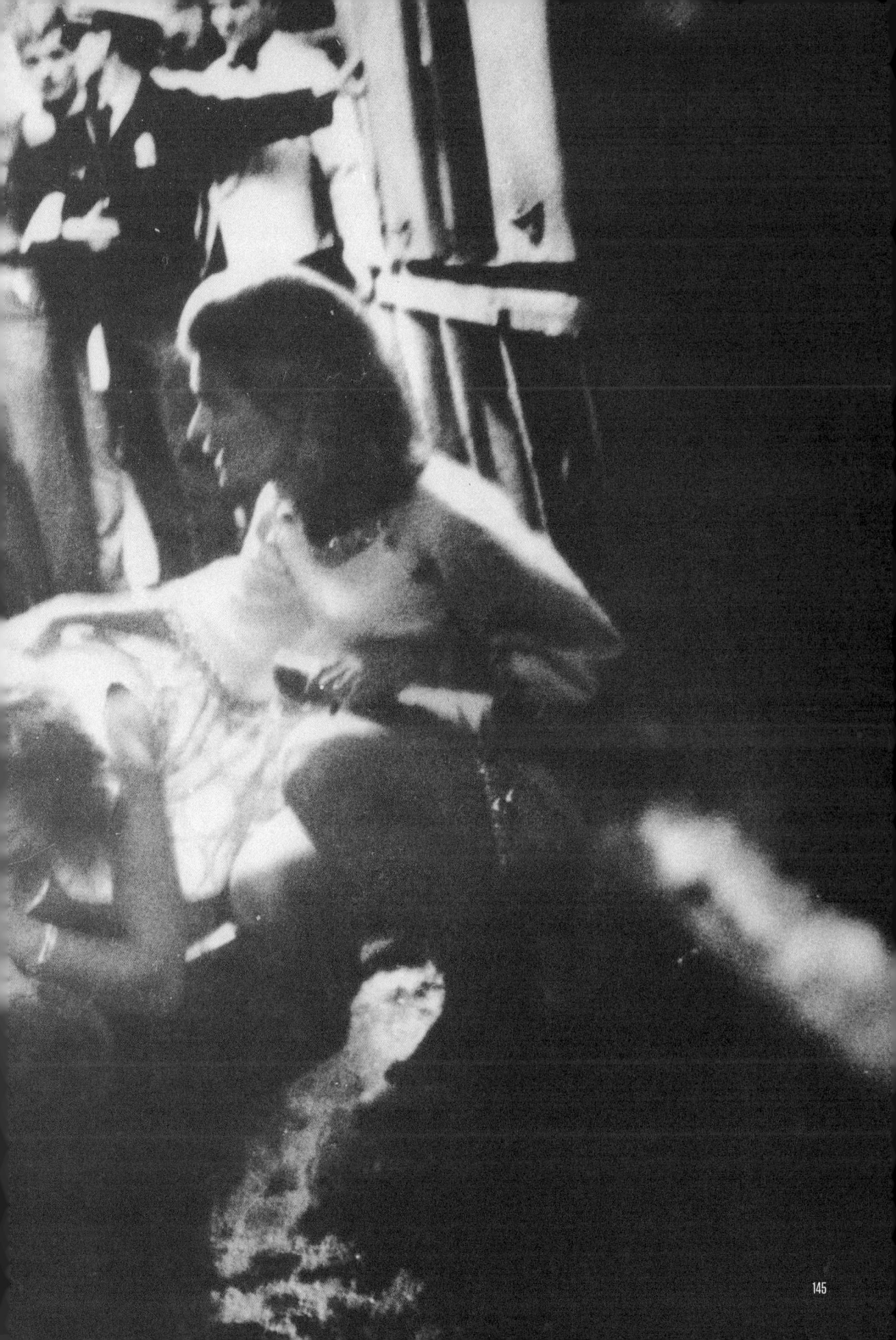

145

奥运会上向人权致敬

1968年10月16日

1968年墨西哥夏季奥运会上,金牌得主汤米·史密斯(Tommie Smith)和铜牌得主约翰·卡洛斯(John Carlos)一起站在领奖台上抗议美国对非洲裔美国人的不公平待遇。在国歌响起时,两人都举起戴着黑色手套的拳头,直到国歌结束。史密斯后来在他的自传中表示,这个手势不是"向黑人力量致敬",而是"向人权致敬"。

尼克松赢得总统选举

1968年11月5日

美国前副总统、共和党总统候选人理查德·尼克松在赢得总统大选后，在妻子和孩子身旁摆出胜利的姿势。罗伯特·肯尼迪遇刺后，总统竞选格局发生了重大变化，尼克松以3个百分点的优势击败了当时的民主党候选人休伯特·汉弗莱（Hubert Humphrey）。

1969

这一年,人类登上了月球,伍德斯托克音乐节(Woodstock festival)拉开序幕,曼森家族(Manson Family)谋杀了莎朗·塔特(Sharon Tate)。

"休斯敦,这里是静海基地。鹰号已着陆。"当听到这些话从任务控制中心的扩音器中断断续续地传出时,全世界的观众终于松了口气。他们可算是着陆了而且很安全。肯尼迪总统"在这个十年结束之前,将人类送上月球"的承诺终于得以兑现。宇航员尼尔·阿姆斯特朗(Neil Armstrong)和巴兹·奥尔德林(Buzz Aldrin)在登月舱里,向外眺望着灰暗分明的月球景观。他们将要踏上月球。

这确实是一项非同寻常的成就,尤其是想到距离莱特兄弟第一次飞行只过了64年,而且他们当时的飞行高度只有几百英尺①。而现在,竟然有两个人即将踏上月球。7月21日凌晨2点39分,身着太空服的尼尔·阿姆斯特朗打开了登月舱的舱门。凌晨2点51分,他开始顺着舱门向下爬,凌晨2点56分,他的左脚终于碰到了月球表面的灰尘。当时他说出了此后在无数场合常被引用的名言:"这是个人迈出的一小步,但却是人类迈出的一大步。"12分钟后,巴兹·奥尔德林也跨出舱门,与阿姆斯特朗一起登上月球表面,眺望着这片"壮丽而又荒凉的土地"。与此同时,在环绕月球运行的指令舱里,迈克尔·科

> 月球上没有风,因此阿姆斯特朗和奥尔德林的足迹已经在那里保留了将近50年。

关键时刻

《教父》(The Godfather)
1969年3月10日

马里奥·普佐的这部小说讲述了一个虚构的黑手党家族的故事,并将"omerta"②和"Cosa Nostra"③等意大利语单词引入英语当中。1972年上映的同名电影也是从该畅销小说获得灵感,许多人都认为这部电影是有史以来制作最好的电影之一。在现代文化中被广泛引用的"葬身鱼腹",其实是来自于那部电影,而不是小说本身。

协和飞机试飞
1969年4月9日

由英国组装的世界上第一架超音速客机"协和飞机002"(Concorde 002),从布里斯托尔(Bristol)的菲尔顿(Filton)起飞,进行第一次试飞,速度达到202英里/小时。在运行期间,它将以2.02马赫的速度巡航,在三个半小时内穿越整个大西洋。

《好饿的毛毛虫》
1969年6月3日

埃里克·卡尔(Eric Carle)在这本书中描绘了一只非常饥饿的毛毛虫不断地吃各种食物,最终破茧成蝶的故事。自首次出版以来,这本书就成功吸引了数百万热切的儿童读者。该书在全球售出3000多万册,并被翻译成40多种语言。与书中描述的毛毛虫一样,这本书本身也是一只最美丽的蝴蝶。

---

① 1 英尺 =0.3048 米
② 拒绝作证,黑手党徒的一种行为准则
③ 科萨·诺斯特拉,美国最大的黑手党犯罪集团
④ 1 马赫 =1225.08 千米 / 时

▲《蒙提·派森的飞行马戏团》（Monty Python's Flying Circus）不同于以往任何的英国电视喜剧：玩笑不需要强调笑点，没有事先录制好的笑声，也不存在怪异的动画。

流行音乐排行榜

- 齐柏林飞艇（Led Zeppelin）
  《齐柏林飞艇（二）》（Led Zeppelin II）
- 杰克逊五兄弟（The Jackson 5）
  《我希望你回来》（I Want You Back）
- 大卫·鲍威（David Bowie）
  《太空怪事》（Space Oddity）
- 傀儡乐队（The Stooges）
  《傀儡》（The Stooges）
- 克里登斯清水复兴合唱团
  （Creedence Clearwater Revival）
  《河流国度》（Bayou Country）

热门电影和电视节目

- 《日落黄沙》
  （The Wild Bunch）
- 《虎豹小霸王》
  （Butch Cassidy & The Sundance Kid）
- 《逍遥骑士》
  （Easy Rider）
- 《偷天换日》
  （The Italian Job）
- 《蒙提·派森的飞行马戏团》
  （Monty Python's Flying Circus）

林斯（Michael Collins）成了历史上最孤独的人：他与世隔绝，既看不到地球，也与月球相隔甚远。

在收集了月球样本之后，阿姆斯特朗和奥尔德林返回登月舱睡觉，然后准备在着陆21小时后从月球起飞。他们还要帮肯尼迪兑现后半部分承诺："将人类安全送回地球。"与科林斯在轨道上对接后，他们开始为期三天的返航之旅，于7月24日下午4点51分降落在太平洋上。他们成功完成了使命，并且实现了肯尼迪的诺言。

曼森家族
1969年8月9日

由查尔斯·曼森（Charles Manson）领导的邪教组织"曼森家族"的四名成员闯入女演员莎朗·塔特[电影导演罗曼·波兰斯基（Roman Polanski）的妻子]的家中，谋杀了塔特、她肚子里的孩子（当时她怀孕八个半月）以及四名旁人。这四名邪教成员这样做是在执行曼森的命令，曼森想要促成一场种族战争。

英国军队进驻北爱尔兰
1969年8月12日至17日

北爱尔兰日益紧张的局势引发了严重的暴乱。其中最严重的一场暴乱发生在伦敦德里，当时，新教"学徒男孩游行"引发了博格赛德暴德暴力事件。北爱尔兰皇家警察部队无法控制现场局面。同时，贝尔法斯特也无法控制暴乱事件，英国政府派军队进驻北爱尔兰。纷争自此开始了。

伍德斯托克音乐节
1969年8月15日至18日

伍德斯托克音乐节本来是需要门票的，但是由于主办方在最后一刻临时更换了活动场地，因此他们别无选择，只能让观众免费前来观看。当时，现场汇聚了50万人，这次音乐节象征着和平、爱情与希望的最后一次绽放。之后，这一事件被拍成电影，乔妮·米切尔（Joni Mitchell）还创作了歌曲《伍德斯托克》来纪念，它标志着一个时代即将破灭的希望。

协和飞机的首次试飞

1969年3月2日

第一架商用超音速客机"协和飞机001"（Concorde 001）从法国图卢兹（Toulouse）起飞，进行首次飞行。这架英法合作研制的客机由法国宇航公司在图卢兹建造，并由南方飞机公司（Sud Aviation）的飞行测试主任安德烈·蒂尔卡驾驶。当时，这架飞机在气流和速度方面都实现了技术创新。

石墙骚乱

1969年6月28日

在纽约格林尼治村的石墙酒吧外,一群人试图拒绝警方的逮捕,以此来抗议美国歧视同性恋群体的法律体系。这次事件被称为"石墙骚乱",它是导致美国同性恋解放运动和同性恋权利斗争最重要的事件。

人类登上月球

1969年7月20日

美国国家航空航天局（NASA）宇航员巴兹·奥尔德林在"鹰号"成功着陆后在月球表面行走。登月任务指挥官尼尔·阿姆斯特朗说出不朽的名言："这是个人迈出的一小步，但却是人类迈出的一大步。"第三名宇航员迈克尔·科林斯独自驾驶着指令舱在轨道上运行，他说："自亚当以来都没有人能体会这种孤独。"

成功登月

1969年7月20日

尼尔·阿姆斯特朗成为第一个登上月球的人，实现了许多人认为永远不可能实现的目标，为太空竞赛画上了句号。

阿波罗11号登月

目击者

杰克·加曼

杰克·加曼（Jack Garman）是一名电脑工程师，1966年至2000年在美国国家航空航天局工作。1969年，他成为阿波罗11号登月计划的关键人物，负责监视飞船上的原始机载计算机。加曼在NASA供职时间很长，尽管他接到的任务可能不都像阿波罗11号那样重要，但他在职期间还是取得了丰硕的成果，如今已经退休。

这真是让人欣喜不已；天哪，我们真的做到了，他们真的登上了月球。

1969年7月20日晚8点18分（格林尼治标准时间），美国人尼尔·阿姆斯特朗和巴兹·奥尔德林成为首次登上月球的人，这可以说是迄今为止人类最伟大的成就。与此同时，380000多千米之外，在得克萨斯州休斯敦约翰逊航天中心（Johnson Space Center），美国国家航空航天局任务控制中心的一群人正在欢快地举行庆祝活动，因为他们刚刚克服了一个人类历史上最大的技术难关。任务控制中心的计算机工程师杰克·加曼是本次庆祝活动的核心人物，他在飞船着陆前几分钟成功处理了计算机警报，及时拯救了这次任务，使飞船免于灾难。

阿波罗11号登月那年，加曼与其他同事相比还很年轻。1966年，21岁的他刚从大学毕业，就以一副稚嫩的面孔加入了美国国家航空航天局。在短短三年内，他就熟悉了控制阿波罗11号宇宙飞船的计算机工作原理，并在着陆当天负责监视这些计算机，以确保着陆顺利进行。虽然这些计算机本质上最多也只能算是初级的，但操作起来并不容易。

"有一个系统，一个交通工具，是由电脑运行的，这很奇怪，也非常与众不同。我的意思是，今天甚至我们的汽车都是由电脑运行的，但当时几乎所有的系统都只是模拟的。"加曼在告诉我们关于他在任

登月是如何展开的

格林尼治标准时间

- **17:44pm** 登月舱与月球轨道上的指挥服务舱分离。
- **19:08pm** 向月球降落。阿姆斯特朗和奥尔德林开始向月球表面降落。
- **20:04pm** 登月舱现在距离月球表面只有15200米。
- **20:10pm** 登月舱下降到9100米。
- **20:14pm** 任务受到威胁。1202程序警报突然出现,但杰克·加曼意识到继续执行任务是安全的。
- **20:15pm** 阿姆斯特朗和奥尔德林选择了一个新的着陆地点,因为他们在警报期间失去了对自己位置的判断。
- **20:16pm** 燃料量过低的指示灯亮了,这意味着地面操控人员只有几秒钟的时间来使登月舱着陆。
- **20:16pm** 最终,飞船扬起了尘土,这意味着离着陆只差几秒钟了。
- **20:17pm** 阿姆斯特朗和奥尔德林成功登陆月球表面,成为首次登陆另一个世界的人类。
- **22:12pm** 在接下来的几个小时里,地面操控人员对宇宙飞船进行了检查。
- **23:43pm** 迈出一小步。阿姆斯特朗准备进行第一次月球太空行走,三个小时后,他成为第一个在月球上行走的人。半小时后,奥尔德林也跟着登上了月球。

▲ 阿波罗11号登月任务期间的NASA任务控制中心。任务期间,杰克·加曼经常在这个房间里。

务控制中心的工作时解释道,"他们希望在控制中心有一名所谓的专家,所以就在阿波罗导航计算机支援室给我开了一场正式会议,也就是在那里,我花费了大把的时间来研究登月飞船的操控。"

飞船着陆当天,地面控制中心挤满了熙攘嘈杂的人群:"我记得在飞船着陆过程中,当宇航员们接近月球表面时,巴兹·奥尔德林轻声地惊呼了一声:'我们现在接触到尘土了。'"加曼告诉我们,"下降引擎从月球表面扬起了尘土。我们的所有模拟着陆试验都有点像照着剧本演戏,但他在之前的剧本中从来没有那一声惊呼!他没有按照剧本去演!这使我们觉醒。我的意思是,你先前就知道这终究会成为现实,但是,这一刻依然激动不已,哇!就是这样,他们就要着陆了。"

然而,事实证明,在宇航员准备着陆之前,加曼已经做了一些至关重要的准备工作,以确保任务能够继续进行,并在当晚创造历史。加曼和他的团队负责解决一切可能由原始计算机发出的程序警报问题,但是有一个警报似乎还是难倒了整个团队的大批精英人士。

在着陆前的一次模拟中,电脑发出了"1202警报"(1202

alarm），这是加曼和他的团队在这之前从未见过的。他当时的上级，指挥官史蒂夫·贝尔斯（Steve Bales）要求中止行动。"后来，阿波罗 11 号着陆的飞行指导员吉恩·克兰兹（Gene Kranz）表示，这让他很抓狂。"加曼解释道，"于是，他要求所有参加那次模拟飞行的程序员们都全力以赴去研究是什么导致这个接近于真实飞行的模拟试验中止的。可模拟人员却说：'呃，呃，凡事有成功皆有失误，不要太在意这一次的失误。'他们还为此激烈地争吵了一番。"

克兰兹要求加曼研究清楚可能出现的每一个程序警报。因此，这位年轻的计算机工程师研究了所有的警报问题，并给自己打了一张"小抄"以便在正式执行任务时参考。就在离着陆只有几分钟的时候，加曼之前辛辛苦苦做的功课帮助拯救了这次任务。

在执行任务期间，当阿姆斯特朗和奥尔德林降落到月球表面时，出现了一个错误读数，显示飞船上的计算机正在超负荷运行，与模拟过程中出现的"1202 警报"相同。正如在那次模拟飞行中所经历的一样，这样的读数会导致任务中止，因为如果计算机停止工作，奥尔德林和阿姆斯特朗将无法操作登月舱。幸亏飞行指导员克兰兹之前一直坚持让加曼研究程序警报，加曼这一次恰好有了大展身手的机会，他很清楚这个警报不是中止任务的真正原因，而且他是该团队里唯一一个知道这点的人，于是，他赶紧向上级汇报了这一情况。

▲ 摆动的双臂移开，一缕火焰标志着阿波罗 11 号的发射。

▲ 美国国家航空航天局和载人航天中心（Manned Spacecraft Center, MSC）的官员庆祝人类在月球上成功行走的历史性事件。

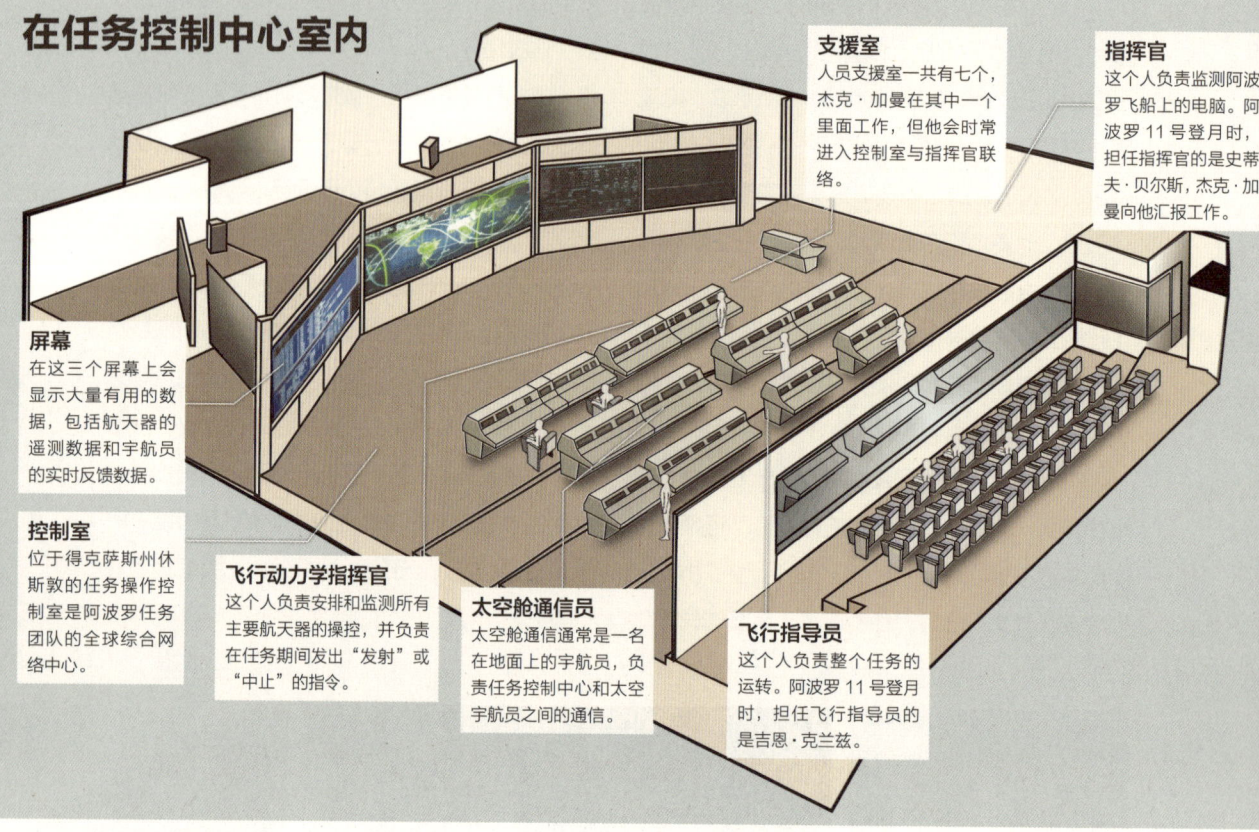

在任务控制中心室内

支援室
人员支援室一共有七个，杰克·加曼在其中一个里面工作，但他会时常进入控制室与指挥官联络。

指挥官
这个人负责监测阿波罗飞船上的电脑。阿波罗11号登月时，担任指挥官的是史蒂夫·贝尔斯，杰克·加曼向他汇报工作。

屏幕
在这三个屏幕上会显示大量有用的数据，包括航天器的遥测数据和宇航员的实时反馈数据。

控制室
位于得克萨斯州休斯敦的任务操作控制室是阿波罗任务团队的全球综合网络中心。

飞行动力学指挥官
这个人负责安排和监测所有主要航天器的操控，并负责在任务期间发出"发射"或"中止"的指令。

太空舱通信员
太空舱通信通常是一名在地面上的宇航员，负责任务控制中心和太空宇航员之间的通信。

飞行指导员
这个人负责整个任务的运转。阿波罗11号登月时，担任飞行指导员的是吉恩·克兰兹。

"我低头看了一下我的'小抄'，明白了这个警报究竟是怎么回事，之后我告诉他们没有什么可担心的，"加曼说，"只要没有其他迹象，比如发生电脑操控飞船掉头之类的情况，我们的任务就可以继续。控制中心当时也如是发出了指令。但现在需要澄清的是，即便光速非常快，从月球到地球仍然需要几秒钟的时间，声音或无线电波也以同样的速度传输。所以在警报响起好几秒钟之后，我们才听到巴兹·奥尔德林问发生了什么。之后我们又用几秒钟做出回应并反馈给现场指挥人员，然后再将他们的指令传给太空舱通信员，告诉航天员可以继续执行任务，然后再加上人类的反应时间，这样算起来可能总共需要19或20秒宇航员们才能接收到我们的回应，在此期间每个人都神经紧绷。我们知道，这也是阿姆斯特朗当时不知道自己究竟在哪里的原因之一，因为他没有向窗外看。着陆后很长一段时间，他们都不清楚自己是在哪里降落的，这可能在很大程度上是由于这些程序警报的干扰。"

然而，仅仅几秒钟后，阿波罗11号真的安全着陆了。于是，奥尔德林和阿姆斯特朗在月球上欣喜无比，与此同时，地面任务控制中心的每个人也都在庆祝。"我记得，克兰兹不得不让大家都冷静下来，回到座位上。现在是检查着陆清单的时候了，要确保一切安全，准备让他们离开太空舱。"加曼说，"这真是让人欣喜不已；天哪，我们真的做到了，他们真的登上了月球。"

加曼用"怪异"这个词来描述着陆时任务控制中心的气氛。他解释说："我的意思是，当时在现场，你就好像是在一场戏剧中扮演角色的演员。你前期会经历很多次排练和彩排，接着迎来了开幕之夜。当幕布升起时，会有真正的观众出现，那种感觉跟以往是不同的，更怪异一些。这是我所能想到的最贴切的方式来描述我所说的'怪异'。之前，你已经操作过这些程序并解决了许多模拟中出现的问题，你也经历过飞船模拟测试，但现在你看到真实的飞船出现在发射台上，并且你第一次真正地操控了它，他们真的着陆了，你很震惊，这真的是件了不起的事情。这就是我所说的'怪异'。不是虚幻的怪异感，而是它确实给人带来了怪异的感觉。当然，这种感觉是非常真实的。"

对加曼和他的同事来说，这都是一项非常值得引以为傲的成就："我觉得，无论你做什么工作，你都会有那么一瞬间感觉自己仿佛处在三角形的顶端——我指的不是那种工作本身的优越——你不是在厂房干苦力或分发食物，你甚至不是在教育领域教学，但你可能确实会在某种程度上帮助人类进一步拓展新的知识，这样的体验会让你感觉良好。我当时确实感觉良好。我们确实都感觉良好。做那样一份工作，加上随之而来的兴奋和所冒风险，你会有一种自我价值得以实现的感觉。这样一来，乐于奉献、坚忍不拔、一心扑在工作上，做到这些就很容易了。成为此次任务的一员让我引以为傲，成为操控航天飞机机载计算机的一员也让我引以为傲，为 NASA 所做的一切也同样让我引以为傲。"

对加曼来说，阿波罗 11 号登月是一次终生难忘的经历，它将成为人类历史上最伟大的成就。"我认为这样的成就不会再有第二次了，至少在我有生之年不会。我觉得，把人类送上诸如火星之类的星球，还有很长的路要走。甚至是把人类再次送回月球或送到其他小行星上，也不是轻而易举之事，即使这种情况真的发生，也不会和第一次完全一样。永远不会。"

起源和后续

阿波罗 11 号登月是美国和苏联太空竞赛的高潮。1957 年 10 月 4 日，苏联发射了世界上第一颗人造卫星"斯普特尼克 1 号"。在 20 世纪 60 年代的大部分时间里，苏联似乎一直领先于其他国家，因为他们夺得了许多"第一"，包括 1961 年第一次将人类送入太空。但苏联未能成功研制出一枚能载人上月球的火箭，最终美国宣告胜利。除阿波罗 11 号以外，美国的阿波罗计划中还有另外 5 次登月任务。太空竞赛为美国、苏联和其他国家之间的太空探索合作铺平了道路。如今，我们仍然可以看到太空合作带来的益处，如国际空间站（International Space Station）的建立。

> **只要没有其他迹象，比如发生电脑操控飞船掉头之类的情况，我们的任务就可以继续。**

▲ 阿波罗 17 号的发射，这是阿波罗登月计划的最后一次任务。

塔特和拉比安卡夫妇的谋杀案

1969年8月9日至10日

警方在莎朗·塔特和罗曼·波兰斯基家的草坪上发现了两具尸体，验尸官对尸体进行了查验。此前，塔特、她未出生的孩子、三个朋友和她家园丁的儿子被残忍杀害。这起惨案发生后的第二天，莱诺（Leno）和罗斯玛丽·拉比安卡（Rosemary LaBianca）夫妇在加州洛杉矶家中被谋杀。这两起谋杀案的幕后主谋是查尔斯·曼森（Charles Manson），他策划了这两起谋杀案，并指示"家族"成员按照他的指令实施了谋杀。

伍德斯托克音乐节

1969年8月15日至18日

纽约伯特利的伍德斯托克音乐艺术节上，吉米·亨德里克斯（Jimi Hendrix）在近20万观众面前进行了表演。人们普遍认为，该音乐节是流行音乐史上最永恒的时刻之一。它迎合了20世纪60年代许多人的理想与希望。尽管许多人担心伍德斯托克音乐节可能会引发灾难，但它依然昭示着和平与爱情的胜利。

印第安人占领阿尔卡特拉斯岛

1969年11月20日至1971年6月11日

基于《拉勒米堡条约》(Treaty of Fort Laramie, 1868年),克拉马斯河(Klamath River)的胡雷克(Hurek)部落首领蒂姆·威廉姆斯(Tim Williams)带领一群印第安人,占领了阿尔卡特拉斯岛(Alcatraz Island),试图从美国政府手中夺回该岛。印第安人占领该岛19个月后,美国政府采用和平手段遣走了岛上的印第安居民。这次事件是印第安人激进主义的一个先例,影响了美国联邦政府对印第安人的相关政策。

图片所属

7	© Getty	89	© Alamy, Donzaleigh Abernathy, Getty, Library of Congress
9	© Getty	91	© Getty
11	© Getty	93	© Getty
13	© Getty	95	© Getty
15	© Getty	97	© Getty
17	© Jared Enos	99	© Getty
19	© Getty; Alamy	101	© Getty
21	© Getty	103	© Getty
29	© Getty	105	© Getty
31	© Getty	117	© Getty
33	© TopFoto	119	© Getty
35	© Getty	121	© Getty
37	© Getty	123	© Getty
39	© Getty	125	© Shutterstock
41	© Getty	127	© Getty
43	© Getty	129	© Getty
53	© Alamy; Getty; The Art Agency	131	© Getty
55	© Getty	143	© Alamy, Adrian Mann, Corbis; Getty Images
57	© Getty	145	© Getty
59	© Getty	147	© Getty
61	© Getty	149	© Getty
67	© Getty	151	© Getty
69	© Getty	153	© Getty
71	© Getty	155	© Getty
73	© Getty	157	© Getty
75	© Getty	163	© NASA; Peters & Zebransky (UK) Ltd.
77	© Getty	165	© Getty
79	© Getty	167	© Getty
81	© Getty	169	© Getty
83	© Getty		